決定版

年商1000万円から
1億円超のしくみをつくる

エステサロン 経営の教科書

Aesthetic Salon Management

かざひの文庫

はじめに

本書を手にとっていただき、ありがとうございます。

あなたは、エステ業界に身を置いてから、どれくらいたつのでしょうか?

現在サロンに勤めていて、これから開業したいと考えている人。

ご自身のサロンの売上を、もっと安定させたい人。

開業して数年たち、これから規模を拡大させていきたい人。

数店舗経営しており、今後どう展開するか検討している人。

さまざまではないかと思います。

とくに、10年以上エステサロン業界で仕事をしている人ならば、この業界が過渡期を迎えていることを、肌で感じているのではないでしょうか。

わたしは、エステサロンの経営、整骨院やカイロプラクティック施術院の経営、高齢者向け介護保険事業など、複数の事業を展開しています。

はじめに

　さまざまな職を経てたどりついたのが健康・美容業界で、気づけばもう25年間、身を投じています。

　はじめはカイロプラクティック技術を体得し、ひとりで開業したところからはじまり、現在までに9万人を施術。
　のべ1000人以上のカイロプラクターを養成しました。

　その後、日本ではじめてカイロプラクティックとエステサロンのコラボレーションサロンを愛知県下に10店舗オープンさせるなか、日本初の「骨盤矯正ダイエット」を考案し、おかげさまでブームになりました。

　そして、500人を超える従業員を抱えながら、独立支援や、のれん分け制度など、さまざまな形でスタッフの育成に携わり、運営する名古屋クリニカルボディスクールでの2000人を超える生徒への指導や、厚生労働省の職業訓練校として、新人や従業員の人材育成事業にも従事。これまでの経験から、現在はエステティックサロンや整骨院などの分野をメインに、数百社の経営コンサルティングも、担当しています。

25年間、施術者のひとり、経営者のひとりとして、エステサロン業界に関わってきましたが、この業界が大きな変革期を迎えているいま、わたし自身が経験してきたノウハウや知識を多くの人にお伝えしたいと思い、このたび、はじめての出版を決意しました。

＊

　日々たくさんの業界関係者の声を耳にするなか、わたしがこれまでに指導してきた3000名のエステサロンオーナーからヒアリングしたアンケートでは、次のような結果が出ています。

・人とお金のことで悩んでいる85％
・思うように集客できない78％
・自由な時間がない69％

「叱るとすぐにスタッフが辞めてしまう…」
「スタッフが、自分の給与以上に売上を上げられていない…」
「思うように集客ができない…」

はじめに

「新規集客が減っている…」
「お客さまにリピートしていただけない…」
「目先の売上にとらわれて、施術ばかりに時間を費やしてしまっ
　ている…」
「結果的に事務仕事や事業計画の見直しも後回しになってしまう
　…」
「このままでは、経営が先細りしてしまう…」

　こういった声が、非常に多いのです。
　あなたにも、当てはまることがありませんか？
　数年前までは、自身の経験値や感覚値でなんとか切り盛りできた
ものの、現在は競合が増え、これまでの自己流のやり方では通用し
なくなってきてしまっているという悩みが激増しています。

　これからさらに、エステ業界は大きく変わっていきます。
　しかし、どんな時代を迎えても乗り越えていけるよう、サロン
オーナーさんには、経営のあり方、やり方を、ぜひ見直していただ
きたいのです。

5

本書は、これから開業を考えている人から、業界に10年以上身を置いているオーナーまで、幅広い層に向けて執筆しました。

　まずは年商1000万円を目指す人にも、年商１億円超、またはそれ以上を実現したいオーナーにも役立つ内容ばかりです。

　日頃から講座やコンサルなどで、わたしがエステオーナーさんたちへお伝えしている「絶対に失敗しない黄金の法則」を軸に、多くの人から相談を受けるテーマを厳選し、下記のことをお伝えしています。

・サロン経営において、かならず押さえておきたいこと
・着実にお客さまを呼び込めるサービス展開のヒント
・一度来店したお客さまを確実にファンにする接客・カウンセリングの極意
・成長し続けるサロンに共通するお金の扱い方
・経営において無視できないスタッフ育成や集客の悩み

　本書で解説していることを、日々意識していただければ、この先

10年間も、しっかりと右肩上がりになるような経営を実現していくことができます。

　不安に駆られて特効薬のごとく売れる商品を探し続ける売上至上主義から脱却し、多くのお客さまにずっと通いたいと思っていただける「愛されるサロンづくり」を、ぜひ一緒に実現していきましょう。

川本達也

はじめに　2

1章　「サロン経営」の極意

- 伸び続けるサロンは、お客さまの成功を最優先にする　12
- やみくもに多店舗経営をしない　15
- 「○○のサロン」と言われるサロンにする　17
- 人気店になるカギは「メディカル化」　20
- 経営を強固にするには、ビジネスパートナーを持つこと　23
- ターゲットとなるお客さまがいる場所に出店する　26
- 口コミで大成功しているエステサロンの事例　27

2章　「サービス展開」の極意

- サービスは「体感型」で考える　32
- 「これさえあれば儲かる」高単価メニューを準備する　34
- 本命商品の体験メニューを設ける　36
- 本命商品は、1回1万円を基準にする　37
- 滞在時間は90分を目安に提供する　38
- 機械名や技術名をメニューの名前にしない　40
- お客さまが「わたしのことだ」と思えるメニュー名にする　41
- 価格は二者択一で提示する　42
- 金額のディスカウントはしない　43
- お客さまのゴールをひとつだけにしない　44
- 施術は担当制にする　46
- 商品と施術をパッケージにする　49
- 身の丈に合ったターゲットを設定する　52
- お得意様には化粧品をおすすめする　55

3章 「接客・カウンセリング」の極意

- カウンセリングで信頼関係を築き、「主治医」になる　60
- 「Before カウンセリング」で9割決まる　61
- 突然金額の話をしない　65
- お客さまとのゴールは3のつく期間で設定する　67
- お客さまが YES で答えられる質問を投げかけ続ける　70
- お客さまには「なぜそうなりたいのか」をヒアリングする　73
- データを多用して説得力を高める　76
- タイプ別女性客の対応例　77
- 色でわかるお客さまの心理　83
- 女性のここをほめると喜ばれる　87

4章 サロン経営「お金」の極意

- 売上至上主義をやめる　90
- 客数×客単価×リピート数で計算する　91
- 都度払いと定額制で「通い放題」が主流の時代に　92
- 過剰在庫は持たない　95
- オーナー自身がお客さま層に合わせた金銭感覚を持つ　97
- オーナー自身の時給を決めておく　99
- 入ってきたお金は、次のステップのために投資する　101
- ブームを追いすぎない　102

5章 「スタッフ育成」の極意

- まず着手すべきはスタッフの接遇レベルの標準化　104
- 海賊船型採用を徹底する　106
- スタッフは3分類で考える　109
- ナンバー2はオーナーと反対のタイプがよい　111
- スタッフが増えてきたときに、かならず押さえたいこと　113
- スタッフの技術力を上げる場をつくる　115
- スタッフは家族　119

6章 「集客」の極意

- メニュー化より先にすべきはターゲットを明確にすること　122
- 新規顧客に依存しない　123
- 獲得したい層によって媒体を選定する　124
- 新規顧客はまず体験メニューでつながっておく　127
- お客さまを3タイプに分けてアプローチする　130
- いいお客さまに長期的に来ていただくには？　131

付録 カウンセリングのよい例 悪い例

- Before カウンセリング　悪い例　136
- Before カウンセリング　よい例　139
- After カウンセリング　悪い例　147
- After カウンセリング　よい例　151

おわりに 156

1章

「サロン経営」
の極意

01 伸び続けるサロンは、お客さまの成功を最優先にする

売上至上主義では、ビジネスは広がらない

　ビジネスの目的は、目の前のお客さまの成功です。

　それが結果として事業者の評価につながるわけですが、「月商いくら」というところを目標にしている人は、評価の対象が自分（自社）の成功になってしまっています。

　この視点を持っている限り、ビジネスが大きく拡大することはないでしょう。

　エステ業界を見渡してみたとき、提供するサービスやメニュー自体には、それほど独創性なものばかりではありません。一般のお客さまから見れば、似たようなものがたくさん並んでいるような状態です。

　ですから、コンテンツだけで勝負しようとするのは得策ではありません。**お客さまがそのコンテンツを提供している人を好きにならなければ、ビジネスは広がっていかない**のです。

　エステサロンで言えば、お客さまの結果をしっかりとサポートしているサロンなのかどうかが非常に重要です。

12

お客さまへの真摯な姿勢が伝わり、さらに結果にまでつながっていったときに、お客さまはそのサロンのファンになるのです。

売上の話ばかりをするオーナーが少なからずいますが、それよりも「どれくらいの人に効果があったか」を評価基準にするべきです。

もし売上を上げることばかりに偏った考えをしているのなら、10年後、その人やそのサロンの器が大きくなっているかどうかは疑問です。

長期プランで考える

長期的に右肩上がりのビジネスを目指したいのなら、時間をかけて結果を出していく姿勢にこだわったほうがいいでしょう。

人に理解してもらうというのは時間がかかるものです。集客しやすいからといって打ち上げ花火のような短期的な策ばかり投じることが多いのですが、それでは業界が死んでしまいます。

長期的に経営を安定させたいなら、急激に伸ばそうとしないことです。世の中の風潮が短期で売上を上げていくような流れになって

いたとしても、コツコツと王道を走り続ける人間が、最終的に勝つのです。

　それには、目の前の一人ひとりのお客さまのことを考え、結果を出していくことにこだわることです。**いい仕事を積み上げ続けていくほうが、ゆるやかでも最後までずっと上がり続ける**のです。

　もし経営が伸び悩んでいると感じているのなら、今一度、視点を見直してみてください。

02 やみくもに
多店舗経営をしない

多店舗経営なら弟子ひとりに任せる1本釣り

　美容業界では、店舗の数にこだわりを持つ人が多くいますが、安易な考えで多店舗経営に手を出すのは、非常に危険です。

　わたしはカイロプラクティックとエステティックのコラボ店をのれん分け方式で20店舗つくり、統括していました。

　弟子ひとりに1店舗を任せ（＝1本釣り）、ほかに人が必要なら自分で探してもらうのです。

　本店から2人は連れていきません。同僚同士になると、逆に、本領を発揮できない場合があるからです。

　でも、1本釣りで、それぞれに店舗を任されていれば、お互いが切磋琢磨し合う関係になります。**自社の統括のもと、3カ月程度面倒をみて、経営が軌道にのってきたら、そのまま弟子にお店を譲ります。**これが通常の多店舗経営の考え方とは異なるところです。

　多店舗経営を目指すのであれば、まずは1本釣りからはじめるのがおすすめです。

目安は3店舗まで

　現在、エステサロンでは1店舗あたりの売上がどんどん下がっていると言われています。多店舗経営のサロンは、1店舗あたりは薄利ですが、トータルで利益が出ているようです。

　フランチャイズ化されているある有名フィットネスクラブでも、1店舗あたりは薄利ですが、ひとりのオーナーが多店舗経営しているため、経営が成り立っています。

　さらに、経営全般がしくみ化されており、何人の会員を集めればいくら利益が出るのかがひと目でわかるようになっているのです。

　一般的に、**エステサロンのオーナーがひとりで管理できるのは3店舗まで**です。それ以上に店舗数を増やすと、管理の目が行き届かなくなり、逆にマイナスになることもあります。

　それ以上の多店舗経営を考えるのであれば、前述した新しいのれん分け方式で1本釣りするところから形をつくり、しくみ化するところから考えてみてください。

1章 「サロン経営」の極意

03 「○○のサロン」と言われる サロンにする

ひとつのコンテンツを信じ抜く

自社のメニューを思い浮かべてみてください。

確実にこれが超人気メニューだと言えるものがあるでしょうか?

着実に繁栄し続けるエステサロンは、お客さまから「○○のサロン」と言われる強力なコンテンツを持っています。

オーナー自身が「これなら成功する!」と信じられるコンテンツがあるかどうかが重要なのです。

わたしの場合は、カイロプラクティックの力を信じ抜きました。

周囲もわたしのことを「カイロプラクティックの先生だ」と認知しています。もともとあるカイロプラクティックのメソッドに、独自の治療プランをプログラム化していったので、その分野の専門家と認識されているわけです。

ちなみに、わたしのサロンの場合、現在の施術料は1万円ですが、最初は3000円くらいで提供していました。時間をかけてコンテンツを育て、単価を上げていくのです。

17

失敗しない秘訣は「巨人の肩に乗る」こと

　高単価メニューは、「これは絶対にいい」と自分で信じ抜いた既存のコンテンツでつくり上げるべきです。そしてそのコンテンツは、師匠から学ぶのが近道。師匠の一挙手一投足を見習った結果、ノウハウが生み出されていくのです。

　「巨人の肩に乗れ」とよく言われますが、巨人＝師匠だと思います。師匠は、ありとあらゆることを経験しています。こちらがまだ直面したことのない問題も乗り越えてきた経験と実績があるわけですから、頼らない手はありません。

　いろいろなオーナーから相談を受けていると、最初からオリジナリティを生み出すことに意識が向いている人が多いように感じます。ところが、残念ながら、まったく新しいものを生み出せる人は、ほんの一握りです。

　大抵の場合、どんなにオリジナリティを追求しても、過去にあったものを少しアレンジしただけのものが多いのが現実です。それで

1章 「サロン経営」の極意

もなお、巨人の肩に乗ろうとしない人が後を絶ちません。

自分の能力を過信している人が多いのではないでしょうか。

価値は何年もかけて積み上げていくものです。**「あのお店は○○のサロン」と認知されるくらいに、これという信じ抜いたコンテンツを提供し続けてください。**3年後、5年後に高単価になるように考えていけば、間違いなく主力メニューになるでしょう。

磨き続けていれば、いずれ「○○の先生」「○○のサロン」と言われるようになっていきます。

04 人気店になるカギは「メディカル化」

先生を目指す

　できるだけ早く高単価のメニューを出したいなら、コンプレックスビジネスに特化するという手があります。薄毛治療などがこれにあたります。

　あまりおすすめはしませんが、不妊といった深刻な悩みを抱えているものも、高単価メニューにつなげやすいでしょう。
　胸が小さいことに悩む女性や、授乳で胸が垂れてしまったなど悩みを抱えた女性が対象のバストマッサージなども、コンプレックスに特化した、高単価化しやすい分野です。

　提供するメニューが**改善をキーワードにするビジネスになれば、高単価でサービスを提供できるようになります**。また、来店頻度も確保しやすくなるのです。

　カイロプラクティックの場合は、1週間に2回来ていただくので、月8回となります。医学的要素の強いエステになれば、週1回は来店確保ができます。

メディカル化するよさは、来店頻度の確保だけではありません。セラピストが「先生」という立場になれることも大きなメリットです。

　わたしが指導するエステサロンでは、いつもエステティシャンやセラピストではなく、先生の立ち位置を目指してもらいます。

　それはなぜでしょうか。

　答えは簡単です。**セラピストのままでいると、主導権はお客さまという力関係を、いつまでたっても変えることができない**からです。

　一方、歯医者さんなら「１週間後に来てください」と先生に言われれば、患者さんは「はい」と従います。このような医者と患者のような関係を、ぜひエステサロンでも築いてほしいのです。

エステサロンのよさと治療院のよさを掛け合わせる

　それには、メニューをメディカル化すること。そして、深い悩みに応えられるメニューを構築することです。

　エステ業界はリラクゼーションを提供する分、お客さまとの結びつきが密になります。一方、治療業界は、治すことがゴールです。

治ってしまえば患者さんは離れていきますが、エステ業界には、治すというゴールがない分、継続したつながりを持ちやすいという特徴があります。

　ですから、エステサロンのよさと、治療院のよさを掛け合わせたメニューを提供することで、お客さまとの関係性が強固になるのです。目指すはエステサロンのメディカル化です。

1章 「サロン経営」の極意

05 経営を強固にするには、ビジネスパートナーを持つこと

心の拠り所となる人を隣に置く

これはとくに女性サロンオーナーに向けて伝えたいことなのですが、信頼できるビジネスパートナーを、ぜひ見つけてほしいのです。

男性は、比較的すぐにチームを組んだり、有能なメンバーを紹介し合ったりするのに対して、仕事のできる女性は、孤独でビジネスパートナーがいないというケースが多いように感じます。

その状態で走り続けると、どこかで行き詰まってしまったり、一定のところで成長が止まってしまうということが起こりがちです。

ビジネスパートナーを選ぶときには、よほどの信頼関係がないかぎりは、女性同士でないほうがおすすめです。

いざ何か揉め事が起こったときに、お互いに感情的になって収拾がつかなくなってしまうことも多いからです。

ビジネスパートナーは、男性と女性の組み合わせのほうが、うまくいきやすいかもしれません。

23

何でも話せる人がいれば、経営は安定する

　わたしは、自分が関わっているサロンオーナーには、「自分のビジネスパートナーをかならずつくったほうがいい」といつも伝えています。

　ひとりでもいいのです。何でも話せて、自分が抱えているものをすべて見て知ってくれているような人がいれば、気持ちがラクになると思いませんか？

　心の拠り所となる人がいると、それだけで日々の経営との向き合い方が変わってきます。

　肩の力を抜いて取り組めますし、ときには自分の枠を超えた新たなチャレンジや、決断の後押しもしてもらえます。

　ところが、**自分の思考回路だけで物事を判断していると、どうしてもビジネス自体が大きく発展せず、成長も止まってしまいます。**

　毎日さまざまなエステ業界関係者と顔を合わせますが、そのたび

に、技術コンテンツの提供者として関わるのではなく、わたし自身がオーナーさんたちの心の拠り所になりたいという気持ちが強くなっています。「その悩み、よくわかりますよ。わたしもそうだったから」と言えますし、解決策を一緒に考えることもできます。

　安心して何でも相談できるビジネスパートナーがいれば、経営はそれだけで安定し、着実に右肩上がりにできるものだと思うのです。

06 ターゲットとなるお客さまが
いる場所に出店する

出店予定のエリアに足を運ぶ

　わたしが出店の際にかならず心がけているのは、サロンを出店する予定のエリアに足を運ぶことです。そして、人の流れを見ます。人が集まる方向にない店舗は、間違いなく発展しません。

　かならず人の流れのなかにある場所に出店します。

　立地で言えば、自分のターゲットに一番近しい人が住んでいるところを選びます。たとえば、ターゲットが高齢者なら、高齢者が多く住んでいる場所。産後のおかあさんがターゲットなら、保育園や産婦人科の近くにお店を出したいものです。

　あなたは自分の持っているコンテンツで、誰をどのようにしてあげたいのでしょうか？

　これらを明確にして、そのターゲットとなる人がいる場所にお店を出すのが、オープン当初から失敗しない経営につなげていくための、一番の近道です。

1章 「サロン経営」の極意

07 口コミで大成功している エステサロンの事例

お客さまがスタッフになるしくみ

わたしには、長年尊敬しているエステティックサロンのオーナーがいます。ここではその方の事例をお話しします。

その方は、巷では「エステの母」と呼ばれており、1店舗ではお客さまがいっぱいになってしまったから、次の店舗を出していくようにしたら、いつの間にか10店舗になったという凄腕の持ち主です。

ちなみに、集客はすべてクチコミのみで成り立っています。
業界内でも有名な方なのですが、全国展開はしません。
自分の目が行き届かないのはイヤだからだそうです。

素晴らしいのは、働いているスタッフは、元お客さまであるという点です。
スタッフとして採用するには、たくさんの審査があります。
「どうしてもこの仕事をしたい」ということをずっと訴え続けている人であることは必須要素で、なおかつ最終的にこのオーナーさんがイエスと言わないかぎり、絶対に採用しないそうです。

27

質の高さと生産性の高さを追求する

　サロンの入口はとてもゴージャスなのですが、施術ルームはそれほど華美ではありません。フェイシャル専門店で、ひとりのセラピストが同時に2人を施術します。

　わたしが「プライバシーに関わることなのに、どうしてですか？」と質問すると、「こちらでしゃべっているスキンケアのことを、あちらのお客さまが聞いていたら、勉強になるでしょう」との答え。

　ですから、雑談するといっても、身体や美容にまったく関係のない話はしません。そして**ひとりのセラピストが2人を担当するのですから、生産性は2倍になります。**

　施術のクオリティを重視しているのも理想的です。
　新規顧客は紹介がほとんどなので、どんな方が来店するのかが事前にわかっています。そうすると、セラピストの女性は神棚に向かって、これから担当するお客さまのために、何が自分にできるかを自問自答すると言います。

「こういうことができる」「ああいうことができる」と自分で考え、考え抜いたら全力で向かいます。紹介で来店されるお客さまなので、それくらい大切な存在なのです。

オーナーの理念や方針をお客さまに浸透させる

そのうえ、本社には100名ほどが収容できる会議室があります。契約したお客さまは、かならず１カ月以内にオーナーの講演会をそこで聴くことになっているのです。

そこで、オーナーは「わたしどものサロンはこういう理念でやっています」「安全で結果にこだわった商材を利用していますので、どうぞ安心して通ってください」と話すそうです。お客さま一人ひとりに声をかけられないので、この方法をとっているとのこと。

お客さまも、誠実なオーナーの運営するサロンで施術を受けられるとわかれば安心しますし、ファンにもなります。さらに言えば、働きたくもなりますよね。

想いをお客さまに知っていただくというのは、とても大切なことです。お客さまも通いたくなる理由がほしいからです。

　多くの店舗では、オーナーがプレイングマネジャーを担っているので、常に現場に入ってしまってゆとりがありません。オーナーが自分で売上をつくらなければ、運営がままならないという状況になってしまっているので、想いを伝える機会がないのです。

　月に１回でも、美容講座、健康講座などのイベントを開催して、オーナー自身の理念を伝える場を持つといいですね。

　「エステの母」から学べることは、驚くほど数多くあります。

2章

「サービス展開」
の極意

01 サービスは 「体感型」で考える

とにかくお客さまに試していただく

わたしのビジネスはすべて体感型です。

サプリメントや化粧品はとことん試してもらいます。クレンジング、洗顔、ローション、乳液の試供品を「この順番に使ってください」という商品説明シートを貼って、２週間分プレゼントすることも少なくありません。

試供品はメーカーからとても安く仕入れることができるので、コストを抑えられます。また、商品説明シートには、商品についての説明書きがあるので、セラピストがいちいち説明しなくてもいいのです。

商品についての説明をたくさんすればいいと思っているセラピストが多いのですが、**わたしはなるべく話さなくても売れる方法をとります**。サプリメントも１瓶から１回分を小分けにして、その日の治療効果を高めるためのケアサプリとして毎回渡していました。そうすると、患者さんのほうから「先生、これは１瓶で売っていないんですか？」と聞かれることになります。

結果的に販売につながるわけです。

売るためのトーク力は必要ない

ホームケアの運動器具も、売らずに１カ月3000円などでレンタルします。商品の説明をするときには、「続かなかったらもったいないから、買わないほうがいいですよ」と率直に言います。

なかには、１万円の運動器具を３カ月続けてレンタルした後、４カ月めに「買おうかな」と言うので、結局１万9000円で買うことになるというケースもありました（笑）。

このように、わたしは売り込みにあたるような販売はしません。相手から「ほしい」と言われないかぎり、金額も言わないくらいです。販売が目的になってしまうと、スタッフも、売ること自体が重荷になるからです。売るためのトーク力を身につけるのは、わたしは違うと思っています。

お客さまから「ほしい」と言われるように、実際に「体験」していただきましょう。本当にいいものなら、体験するだけでお客さまはわかってくれるものです。

02 「これさえあれば儲かる」高単価メニューを準備する

複数のメニューよりも専門性を提供する

　サービスを充実させようと、たくさんのメニューを用意するエステサロンも少なくないのですが、メニューを複数持つことよりも、高単価で売れるメニューを最低ひとつは持っておくことを、わたしはおすすめしています。

　では、高単価メニューはどのようにつくればいいのでしょうか。
　ほとんどの場合、他サロンとの差別化ができていません。専門性が見えづらいのです。これが価格競争に陥る原因になってしまっています。そういった**サロンのビジネスは、トータルビューティとうたっている場合が多いのですが、お客さまからすると、「なんでも屋さん」に見えてしまいます。**

　サービスも飽和状態になっているいま、専門性がなく、なんでも屋さんの店構えをしているサロンでは、ビジネスは成り立ちません。
　一般的には、消費者は、「早くて、安くて、うまい（効果がある）」というものに飛びつきます。この3拍子がそろっているビジネスモデルならよいのですが、健康・美容ビジネスの場合には、その人、

34

2章　「サービス展開」の極意

そのサロンにしかできない領域を持っていて、そこを前面に出しているという点が、「選ばれる理由」になってくるのです。

そうなると、価格競争とは無縁の勝負ができます。

サロンの特徴、売りを見直してみる

一度、あなたのサロンのメニューを見直してみてください。

どこに売りがあるでしょうか。専門性はしっかりと前に出ているでしょうか。どんな結果を出すことができ、どんな特徴を持っているのでしょうか。メニュー数はどれくらいあるでしょうか。

主力メニューのオーダーが過半数を占めるような展開になっているでしょうか。

もし突出した人気メニューがなく、どのサービスもまんべんなくオーダーされているのだとしたら、お客さまから見て、あなたのサロンの売りが見えづらくなっているととらえてみてください。

もしサロンの売りや選ばれる理由がわからない場合は、売りや強みも含めてまわりに聞いてみるのもいいでしょう。あなたのサロンでしか提供できない専門性を求めているお客さまがいるはずです。

35

03 本命商品の 体験メニューを設ける

何の専門サロンなのかがわかるメニューにする

　お客さまを呼び込むきっかけとなる商品が、まつげエクステやネイル、カラーリングなどだとすると、フェイシャルメニューやダイエットメニューが高額商品に該当することが多いですね。

　わたしはその中間にもうひとつメニューを設けることをおすすめしています。**中間のメニューでは、あなたのサロンが何の専門家なのかを伝えるものです。**

　たとえば、フェイシャルメニューやダイエットメニューがあなたのサロンの高額商品なのだとしたら、その主力サービスの体験メニューを置くのです。

　まつげエクステやネイルを目的に来店しているお客さまに、「じつはわたしのサロンはこれを専門としています」と知ってもらうメニューを用意して、体験→高額商品へ誘導する機会を持ちます。

　そうすることで、高額商品を購入しやすくなる流れをつくることができますし、他店とは一線を画した特別なサロンという位置づけで認知していただけるようになります。

36

2章 「サービス展開」の極意

04 本命商品は、1回1万円を基準にする

施術とセットで生活必需品を販売する

単価は、1回1万円が理想的です。

単価が1万円のメニューならば、経営にもゆとりが生まれますし、90分で1万円のメニューの場合でも、100回こなせば100万円になります。これなら薄利多売になりにくくなりますし、売上の見立ても立てやすいですね。

美容業界のよさは、ここに物販をつけられるところです。女性にとって化粧品は必需品ですから、わたしはサプリメントよりも、生活必需品である化粧品販売を推奨しています。

歯磨きのように毎日使う商品を充実させましょう。いまや、男性も洗顔フォームを使って洗顔する時代です。女性は化粧をするので、クレンジングと洗顔フォームは必須アイテムと言えます。

毎日使用する必要のある生活消耗品は、購入して気に入ったら定期的に購入していただけますから、施術と物販をセットにしたメニューを設けるのがおすすめです。

37

05 滞在時間は 90分を目安に提供する

エステ客が満足するのは90分間

　サロン経営を右肩上がりにするには、お客さまの満足度を徹底して上げることが重要です。そのためには、お店の滞在時間も大きく影響します。リラクゼーションサロンでは、平均滞在時間は60分程度です。ところが、**エステサロンの顧客満足度がもっとも高い時間は、90分**なのです。

　メニューを構築するときに、30分程度ではあっという間に終わってしまうので短すぎます。30分の場合は、少なくとも60分間滞在できるように組んだほうがいいでしょう。逆に120分になると、時間にゆとりがある人ではないと対象にならないので、NOと言われやすくもなります。90分間がエステサロンの王道提供時間です。

顧客満足度とセラピストの生産性の両方を満たす

　顧客満足度だけでなく、スタッフの生産性も無視できません。
　ひとりのお客さまに対して1.5時間使って100回施術したら、150時間になりますね。ひとりのセラピストで月に100万円の売上を上

げたいのなら、1回1万円という計算になります。

そう考えると、90分で1万円のメニューならば売りやすいと思いませんか？　10分で1000円に近い設定です。

こういった概念がサロンオーナーにないことが多いので、わたしはかならず両方を満たすように指導しています。

「90分間1万5000円で売りたいのです！」と相談に訪れるオーナーには、「そんな無理な設定をしなくていい。90分1万5000円です、と言った途端に、半分のお客さまにしか購入いただけなくなってしまう。そうすると、売上が75万になってしまいますよ」と具体的にお伝えしています。

1回の施術で大きな利益を得ようとするよりも、90分間1万円の商品を、できるだけたくさんのお客さまに購入していただける流れをつくる。ぜひこの設定で商品を見直してみてください。

売上や施術サイクルの計画も立てやすくなり、毎月確実に売上が上がりますよ。

06 機械名や技術名を
メニューの名前にしない

どのような効果が得られるかがわかるようにする

　ラジオ波コース、キャビテーションコース、〇〇アロマコース、
など、技術名をメニューにしてしまうことはありませんか?

　サロン側からすれば、つい特徴が出ていていいと思ってしまうの
ですが、お客さまから見るとマイナスです。

　そのメニューを通してどんな結果が得られるのかがまったくイ
メージできないからです。

　物珍しさがあっても、「この施術を受けてどういう結果を得られ
るのか?」がわからなければ、お客さまは購入しづらいものです。

　また、**機械名、症状名、技術名だけでメニューを打ち出すだけで
は、わざわざそのサロンを選ぶ意味がわからなくなっていきます。**
価格が低いサロンが見つかれば、そちらに移ってしまうデメリット
もあります。お客さまは、そのサロンに通う理由がほしいのです。

　どのような効果と結果を得られるのか、お客さまが本当に知りた
いことをメニュー名で伝えていきたいですね。考え抜いたネーミン
グなら、サロンのブランディングの大きな柱にもなるはずですよ。

40

07 お客さまが「わたしのことだ」と 思えるメニュー名にする

Before→Afterがわかるメニュー名に

　メニューには機械名や技術名を入れないほうがいいことを前述しました。おすすめなのは、Before→Afterがわかるメニュー名にすることです。

　その際、お客さま目線でコース名を設定する必要があります。

　たとえば、「あのお気に入りの服を着たい！　コース」「1日パンプスを履いて脚がむくんでいる人コース」など、**「あ、これはわたしのことだ」と思えなければ、わざわざお金を払って通いたいとは思わないもの**です。

　脚のむくみのお悩みコースで来店したお客さまに、継続来店を促したいとき。1日パソコンに向かっているとわかれば、「肩こりはありませんか？」と次回は肩こり改善のコースをおすすめすることもできますね。

　お客さまの悩みをしっかりと聞き出し、「これはわたしのことだ」と思えるメニューにすれば、サロンの売りも明確になりますし、生涯顧客を生み出しやすくなります。ぜひ意識してみてください。

08 価格は 二者択一で提示する

価格は多くても三択まで

　価格は二者択一か、もしくは三者択一で提示します。

　人は選択肢がひとつしかないと、NOと言いやすいものです。二択のAとBにすれば、提供側も意見を言いやすくなります。

　たとえば「AコースとBコース、○○さんだったらどちらにされますか？」とお客さまに質問すると、「どちらがいいと思いますか？」と、お客さま側からの意見を求められやすいのです。

　三択のABCとなると、選ぶ責任はすべてお客さまになります。ちなみに、**心理学の観点から言えば、松竹梅の三択の場合、お客さまは真ん中の価格帯を選ぶ傾向が非常に高くなります。**

　ファーストフード店でMが選ばれる割合がもっとも高いのが、その例と言えます。

　エステサロンでは高額商品になるケースも多いため、こういった心理的なテクニックも踏まえて価格設定したいですね。

2章 「サービス展開」の極意

09 金額のディスカウントは しない

割引価格に慣れると、人は定価で買わなくなる

　残念なことに、昨今のエステサロンでは、ディスカウントが横行しています。定価でものが売れなくなってしまっているのです。

　金額でのディスカウントではなく、たとえば10回通っていただいたら1回分をサービスするといった施術面でのサービスならいいのですが、基本的に金額でのディスカウントはおすすめできません。
　なぜなら、**一度でもディスカウントしてしまうと、お客さまは割引価格でしか買いたくないという心理になるからです。**

　1万円のものを7000円で購入したお客さまは、次に7000円になるタイミングまで買うのを控えてしまうものです。でも、プラス1回分をサービスするというのであれば、1万円という価格単価自体は変わりません。

　ですから、キャンペーンを打つ場合は、安易に価格だけを下げないようにすることが大切です。

43

10 お客さまのゴールを ひとつだけにしない

ゴールをひとつだけにすると、クレームを生みやすい

　お客さまへのサービスのすすめ方にも、注意が必要です。

　たとえば、痩せるという目的でお客さまが来店したとき、ただ痩せることだけに注目して、痩せるためだけの施術しかできなかったとしたら、思ったような効果が得られなかったとき、クレームにつながりやすいのです。

　どのサロンのカルテでも、肩こりや腰痛、冷え性、むくみ、疲労感などの不定愁訴の症状がないかどうかを尋ねているはずです。

　ですから、記入していただいたカルテを一緒に確認しながら「現在のお客さまの優先順位は痩せることかもしれませんが、ほかの問題点も一緒になくなったらとてもいいですよね？」と、**全体的な不調を改善して健康的に痩せる提案をするようにしましょう。**

　そうすると、たとえば５キロ痩せたかったところが３キロにとどまったとしても、「２キロ足りていないけれどどうしてくれるの!?」ということにはなりません。

　「ほかの不調も改善したからいいかな」と思えます。

44

2章　「サービス展開」の極意

　また、初回の時点で「この金額を払うなら、絶対に結果がほしい」という主張の強いお客さまが来店した場合には、どうでしょうか。わたしたちは医者ではないので「絶対」とは言えません。そのため、こうお伝えします。

「絶対とは言えませんが、こちらも最大限努力をするので一緒にがんばってみませんか？　責任を持って最後まで尽力しますから」。
　かならず、「わたしもそのための努力をします」ということを伝えます。そのうえで「ですから○○さん（お客さま）もがんばりましょう」と言うと、やる気になっていただけます。

　「大丈夫です」という発言をしてしまうセラピストが多いのですが、裏づけもないのに「大丈夫」と、平気で言ってしまうのはよくありません。

　お客さまの状況や症状を丁寧に聞き出しながら、いろいろな要素を解決していけるように伴走してサポートする。この姿勢を持っていれば、長く通っていただける関係性を築くことができるのです。

45

11 施術は担当制にする

これからはお店より人についてくる時代

エステ業界は、頭打ちになっているという傾向が高く、新しいものがあまり生まれていません。

とくに単独店では、軒並み売上が落ちています。前述したように、消費者が賢くなっていて、同じサービスを定価で買わなくなっていることが一因です。

いろいろな打ち手はありますが、これからの時代は、商品の力だけに頼るのではなく、担当制にして、お客さまがその担当者についていくようにしなければいけないというのがわたしの持論です。

エステサロンは、基本的に毎回担当が替わるところが多いのですが、はっきり言って、これはマイナスです。

最近では減ってきたものの、とくに大手では、昔から営業部門はカウンセリングだけ、美容部門は施術だけという分業方式を取っていました。つまり、売り込みのときだけベテランセラピストが入ってきて、施術はいろいろな人が担当するというやり方です。

施術は機械が行うのだから、誰がやっても同じだと考えているのでしょう。ひと昔前は手技中心でしたが、現在は機械に頼るサロンも増えました。脱毛などがそのいい例ですね。

しかし、このやり方では、売上を上げることが目的になっており、施術がおろそかになってしまいがちです。**毎回コロコロと担当が替わるうえ、セラピストのレベルに差があることを感じると、お客さまの足は遠のいていきます。**

信頼できるセラピストのもとに通いたくなる

わたしが運営するエステサロンでは、ジュニアセラピスト、セラピスト、マスターセラピスト、トップセラピスト、プラチナセラピスト、とランクをつけ、ランクによって価格を変え、お客さまに選んでいただけるようにしています。

お客さまにとっての費用対効果を、目に見える形で示していたので、とても好評でした。

決して安くない金額を支払って通うわけですから、お客さまは信

頼できるセラピストにお願いしたいものですし、継続していろいろなことを相談できる関係性を築きたいと思うのです。

　良質なお客さまは、人をよく見ています。
　そして、「この人は信頼できる」と思ったら、通い続けてくださるものです。担当制にすると、「独立されたときに困るし、シフトも融通がききづらい…」という声が聞こえてきそうですが、心配はいりません。

　担当制にしたほうが、サロン全体の経営は、着実に上向きになりますよ。ぜひ実践してみてください。

2章 「サービス展開」の極意

12 商品と施術を パッケージにする

セラピストのトーク力に頼らない

　商品をおすすめするとき、それが得意なセラピストとそうでないセラピストに分かれるのではないでしょうか。

　エステ業界でのカウンセリングは、人に依存してはいけません。マニュアル化して誰でも無理なくすすめられる形をつくったほうがいいのです。

　わたしは、日頃から「商品と施術を合体させてパッケージにして販売したほうがいい」とアドバイスしています。
　10万円のものを売るのも、1000円のものを売るのも、売るという労力は同じです。
　そのときに、個々のセラピストの会話力に依存して売ろうとすると、それは「説得」になってしまいます。

　説得になると、つい話も長くなり、お客さまにも「買わされる…断りたい…」と負担がかかります。売り込みの激しいサロンに通いたい人は、あまりいないはずです。

49

商品をおすすめすることに苦手意識を持っているセラピストも多いので、思うような成約率をあげにくいのではないでしょうか。

パッケージ商品なら、セラピストが無理なく売りやすい

　商品と施術をパッケージにすれば、「これがついていますから」と言えばいいので、おすすめするセラピストもラクです。お客さまにとっても、化粧品の内容や効果についてわざわざ説明されるより、「これは施術についています」と言われたほうがお得感を感じると思いませんか。

　商品を販売するためのトーク力も必要ありません。
　「これは、あなたの希望を叶えられるプログラムメニューです」というものを用意し、裏づけとなる根拠だけ言えるようにしておきましょう。

科学的根拠の説明はかならず入れる

　どんな検査が行われて、どんな結果を得られたのか。科学的な裏

づけのある根拠の説明だけは、全員が説明できるようにマニュアル化するのです。

　パッケージ商品の打ち出しと、科学的根拠の提示ができれば、誰が販売しても、一定の成約を得ることができます。
　契約率が下がっていたり、いつまでも横ばいで伸び悩んでいるのなら、この方法をおすすめします。

13 身の丈に合った ターゲットを設定する

内装、環境だけを整えても意味がない

サロンをオープンするときには、ターゲットがAなのかBなのかCなのかを明確に決めたほうがいいですね。

大きく分けるなら、下記のように分類できます。

A　10000円〜　　　セレブ店（デパート）
B　5000円〜　　　一般的なお店（ショッピングモール）
C　3000円〜　　　ほぐしマッサージ（コンビニエンスストア）

ターゲットを定めるときのポイントは、自分の身の丈に合ったお客さまを設定することです。意識の高いお客さまたちは、人を見る目を持っています。

ですから、意識の高いお客さまをターゲットにしたいのなら、それ相応の美しい空間や、充実した環境が付随していなければ、足を運んでいただけません。

プライドが高い分、環境が自分に合っているのかを、しっかりと見ているのです。

2章 「サービス展開」の極意

無理して背伸びしたターゲットを設定しない

エステサロンが内装にお金をかけるのは、レベルの高い人を呼び込むためですが、いくら内装にお金をかけても、実力がともなっていなければ、来店し続けていただくことはできません。

見た目と実力の両方が備わっていないと難しいのです。

ですから、無理して背のびしたターゲットを設定するのはおすすめしません。

繁盛してきたら、少しずつターゲットを変えることもできる

ちなみに、わたしが最初に骨盤ダイエットをスタートさせたメディカルサロンは、隣との仕切りがカーテン1枚でした。

セルライト除去などの施術は、カーテンのなかでセラピストが行い、わたしはカーテンの外のスペースで骨盤矯正をするというもの。

骨盤ダイエットの目的で来店するお客さまが多かったので、治療院のようなたたずまいでした。

はじめはそれでもいいのです。**現在の自分たちの身の丈に合った**

53

ターゲットを設定し、少しずつターゲット層を変えていくこともできます。

　経営しているうちに、ターゲットがぶれてしまうサロンもあります。あなたのサロンはABCのどの層に該当するのか、見直してみてください。

2章 「サービス展開」の極意

14 お得意様には 化粧品をおすすめする

ストックビジネス化を目指す

　何か特別なことをしなくても毎月安定した収益を得る流れをつくりたいのなら、ストックビジネス化（何もしなくても毎月お金が入ってくるしくみ）を取り入れることです。

　ストックビジネス化するには、来店しているお客さまに、いかに生涯顧客になっていただけるかが重要なポイントです。

　いくら生涯顧客になったからといって、サロンのメニューを毎月売り続けているだけでは不十分です。
　美容業界なら、化粧品を購入いただくようにするのが、もっとも取り入れやすいと言えます。

カウンセリングシートでお客さまの情報を聞き出す

　エステサロンの場合は、お客さまとのつながりが強いので、会話のなかで聞けてしまうことも多いのですが、最初のうちはカウンセリングシートを使うことをおすすめします。

55

「どんなことに悩んでいますか？」

「いま、改善したいところはどんなところですか？」

「どのように変わるとうれしいですか？」

「そのお悩みは、何が原因だと思いますか？」

「肌に関する悩みにはどんなものがありますか？」

「現在の体調で気になる症状はどんな症状ですか？」

「不調を感じる身体の部位に○をつけてください」

「精神的な面での悩みもあれば記入してください」

「食べ物や薬のアレルギーはありますか？」

「持病があればお知らせください」

「どこのメーカーで、どんなものを使っていますか？」

「化粧品には、毎月いくら使っていますか？」

「最近使った化粧品でこれはよかったというものはありますか？」

「発売されている商品でこれは使ってみたいと思う商品はありますか？　あればお知らせください」

「長年愛用している商品があれば教えてください」

「どんなサプリメントを飲んでいますか？」

「どんな目的でそのサプリメントを飲んでいますか？」

など、現状のお客さまの状況や悩み、要望を、できるだけ細かく書いていただくのです。

いま紹介したすべての質問事項をカウンセリングシートに含める必要はありませんが、項目が多いほうがお客さまのライフスタイルをより深く知ることができるので、おすすめです。

自動的に収入が入るしくみをつくる

カウンセリングシートがあれば、会話のなかでいろいろな情報を聞き出そうとするよりも、スムーズに知りたい情報を得ることができます。そして、シートに記入されている内容を参考にして、適する化粧品を試していただくのです。

ある程度信頼関係が築けている間柄なら、「あなたがおすすめしているし、このサロンに置かれているなら安心だから買ってみようかな」という心境になります。

　常連のお客さまに毎月化粧品を買っていただけるようになると、それだけで安定した収益が積み上がります。
　お客さまと相性のよさそうな化粧品を置き、毎月着実に商品が売れていく流れをつくりたいですね。

3章

「接客・カウンセリング」の極意

01 カウンセリングで信頼関係を築き、「主治医」になる

生涯顧客づくりに不可欠なのはカウンセリング力

　新規のお客さまだけに頼らずとも、生涯顧客だけでビジネスが成立すれば、経営は非常に盤石なものになります。ではそうなるには具体的にどうすればいいでしょうか？

　生涯顧客をつくる近道は、お客さまとの間で「エンゲージメント（＝切っても切れない間柄のこと）」を築き、最終的にはお客さまの主治医のような関係になることです。

　なかでもわたしが重要視しているのがカウンセリングです。

　技術やコンテンツをブラッシュアップすれば成功すると思われがちですが、本当は生涯顧客と強固な信頼関係を築くことのほうが大切です。

　そこで本章では、生涯顧客との確固たる関係性を築いていくためのカウンセリングの技術について、お伝えしていきます。

3章 「接客・カウンセリング」の極意

02 「Before カウンセリング」で 9割決まる

お客さまの現状・課題・希望を丁寧に聞き出す

エステサロンでは、ほとんどの場合、Afterカウンセリングに力を入れています。しかし、ここに思わぬ落とし穴があるのです。

わたしは、体験メニューの施術前に行う「Beforeカウンセリング」を非常に重視しています。このタイミングで成約するかどうかの9割が決まると言っても過言ではありません。

わたしが推奨しているBeforeカウンセリングの方法では、お客さまの現状や要望、何に課題を感じているのかを徹底してヒアリングします。

お客さまの状況を知ることによって、セラピストは、お客さまの身体を触りながら、状況を確認することができますし、どうすれば改善できるか、施術しながら対策を考えることもできます。

裏づけデータ＋目安の期間・回数・予算も伝える

また、お客さまの状況や、どうなりたいかを聞き出すだけでなく、

61

Beforeカウンセリングの段階で、裏づけのあるデータをお伝えしながら、おおよそ必要と思われる期間や回数、金額をあらかじめ告げておくのです。たとえば、次のようにです。

「人間の細胞の新陳代謝は約100日と言われています。血液のレベルで言うと、たとえば赤血球の寿命は120日なんです。ということは、３カ月から４カ月で再生させれば理想的です。厚生労働省も、１カ月に２〜３キロが痩せ方としては適量だと発表しているので、あまり無理はしないほうがいいと思います。ですから、３カ月程度を目安に考えてほしいのです。

　３カ月になると、16回ほど来店していただくくらいでしょうか。先ほど伺ったご予算と照らし合わせると、ちょうど20万円ぐらいなんですよ」

　そのうえで次のように締めるのです。
「まず、どちらにしても、実際に痩せられるかどうかということを、検査を含めて体験していただきたいのです。わたしも○○さんのお身体の状態を認識したいので、施術してみたあとに、もう一度お話ししましょうか」

このように、**あらかじめお客さまが気にする情報をお伝えしてお**くようにすると、お客さま自身も、「気持ちがいいし、効果がありそうだな」と、継続してメニューを受けるイメージをしながら施術を受けられますし、セラピストも、「あとで売り込みをしなくては…」という余計なプレッシャーに悩まされなくて済みます。

　むしろ「○○さんだったら、このメニューが最適ですよ」「ちょっとこの部分がウィークポイントで痩せづらいかもしれない」という話を持ち込みながら施術できます。

　体験メニューというのは、**メニューを売るためではなくて、本当はお客さまの身体の組織の状態を確認するためにあるものだ**ということを、ぜひお客さまに伝えましょう。

Afterカウンセリング重視では信頼関係は築きにくい

　一方で、Beforeカウンセリングで上記の話をせず「Afterカウンセリング」にばかり力を入れると、お客さまは、「これっていったい本当はいくらするんだろう？」「売り込まれるのではないか？」

などと疑念を感じながらメニューを受けることになりますし、セラピスト自身も「この人は本当に契約してくれるのかな？」と半信半疑の思いで施術することになってしまいます。

　そういった状況下では、信頼関係を築くのが難しいことがわかりますね。わたしがBeforeカウンセリングで必要な情報をすべてお伝えするよう指導しているのはそのためです。

　もしAfterカウンセリング重視で体験メニューを実施しているのなら、いますぐ見直すことをおすすめします。

03 突然金額の話をしない

説明があれば、金額を聞かれても納得できる

　お客さまが知りたいのは、「どれくらいの期間で、どれくらいの頻度で、最終的にいくらかかるの？」という部分です。

　ですから、カウンセリングで話をするときには、お客さまにゴールと、そこに至るまでのプロセスを想像していただかなくてはいけません。

　「これくらいの期間でこういったプロセスを踏んで進めていきますよ」ということを伝え、お客さま自身にイメージしていただくのです。

　その説明がなく、突然最初から「20万円です」と言われると、「えっ!?　一気に20万もかかるの!?」と、お客さまも驚いてしまいますよね。

　でも、**期限のことを伝えたうえで金額を提示すれば、「3カ月で20万円だから、1カ月間で換算するとこのくらいか…」と納得していただきやすくなります。**

65

期間の指標を示すことが、お客さまの安心につながる

　また、ある程度の指標を示すことで、お客さまにも知識がつき「1カ月で10キロ痩せたいんです！」などという、無理な要望を言わなくなってきます。

　「厚生労働省では1カ月に2〜3キロ減を推奨しています。それ以上行うと、月経がこなくなったり、皮膚にトラブルが起こったり…ということがあるので、3カ月から6カ月の期間で考えたほうがいいのではないでしょうか？」という話ができます。

　このように、かならずゴールを決めてから、具体策を示すことで、お客さまが選択しやすいようにしていきましょう。

04

3章　「接客・カウンセリング」の極意

お客さまとのゴールは 3のつく期間で設定する

女性客にはまずは「3カ月」を意識していただく

　女性のお客さまを相手にするときには、3を意識しましょう。女性は、3の倍数で飽きてしまうところがあります。3日坊主であったり、3カ月でサロンに来なくなってしまったり…。

　ですからわたしは、**「通常、ダイエットするなら3カ月から6カ月かかりますが、6カ月後というのは想像がつかないのでとりあえず3カ月やってみましょう」**と言います。

　なぜかと言うと、4カ月目には来なくなってしまうことが多いからです。すると、やってくるのがリバウンドです。

　「3カ月後に結婚式があるので」「3カ月後に旅行でビキニを着るので」と、もともと「いつまでに、どうしてもこうしたい」という目的がある人の場合は、成約しやすいですね。

　ですから、イベントに紐づけて目標を設定していただくのは効果的です。

　健康的に痩せるには1カ月に2～3キロのダイエットが有効です

67

から、カウンセリング時には、その話を出しながら、「**5キロ痩せ
たい場合には2カ月は必要ですよね。それなら余裕を見て3カ月あ
ればなんとかなりますよね**」と伝えます。

　そうすると、お客さまは「3カ月あれば、自分の理想の体重にな
れるんだ」とイメージしやすくなり、契約に至る確率が高くなるの
です。

　このように、お客さまに提案する際には、意図的に3の倍数を意
識すると効果的です。

長く大きい目標を、小さくしてあげる

　では、お客さまから「10キロ痩せたい」とかなり大きめの数字目
標を言われた場合はどうしたらいいでしょうか。答えは、小さい数
字に落とすことです。

　わたしの経験上、女性は5キロ痩せると、洋服のサイズが2つ下
がります。そうなると、手持ちの洋服をすべて取り替えなければい
けません。そこで、そのことを説明したうえで「まずは、5キロ痩
せませんか？」と提案します。そうすると、短期目標を設定しやす

3章 「接客・カウンセリング」の極意

くなりますね。

　エステサロンのオーナーさんは、6カ月や1年コースで組んだほうが売上も上がるので、ついそちらを取りたくなってしまう傾向がありますが、それは逆効果です。

　余談ですが、男性がカウンセリングすれば、ほぼ100％契約できます。女性が美しくなりたい理由のひとつに、異性からの目を気にする一面もあるからです。誠実な男性カウンセラーが3カ月メニューを提案すると、もっとも成約率が上がります。ぜひ試していただきたいところです。

05 お客さまがYESで答えられる 質問を投げかけ続ける

説得するよりずっと効果的

　Afterカウンセリングの時間は、平均で1時間、長い場合には2時間くらいかけるサロンもあります。

　でも、長くなればなるほど、お客さまの不信感が募っていくことを、忘れてはいけません。

　Afterカウンセリング重視のサロンでは、お客さまからNOと言われないように徹底しようとします。ところが、お客さまはお金を使いたくないので、何か腑に落ちないことがあったときに、「やっぱり、NOって言おうかな…」と思っているものです。

　そう言われることを避けるために、Afterカウンセリングでお客さまがNOと言ったことに対して、下記のように「でも」を多用して説得しようとするのです。

　「いや、でも、このままでいたら、もっと太りますよ」
　「でも、このままでは、憧れの服が入らないままですよ」。

3章 「接客・カウンセリング」の極意

　わたしは、**カウンセリングでは、相手を否定して説得するのでは
なく、自然と相手からYESを引き出すコミュニケーションをすす
めています。**

　「ハイハイ商法」というものをご存じでしょうか？

　ずっと手をあげていると、いつのまにか「ハーイ！」と手をあげ
てしまうというものです。

　高齢者向けのビジネスなのですが、「歯を磨いてきた人？」「ハー
イ！」というように、最初は誰にでも当てはまることを聞くのです。

　「肩が凝っている人？」

　「ハーイ！」

　「腰が痛い人？」

　「ハーイ！」

　「わぁ、たくさんいますね。では、この状況をよくしたい人？」

　「ハーイ！」

　ずっとYES、YES、と言っているので、「○○という健康ドリン
クを飲んでみたい人？」と聞かれたときにも、つられて「ハーイ！」
と言ってしまうというものです。

71

YESを言い続けると、お客さま自身も前向きになる

　心理学の観点でも、ずっとYESと言い続けていると、気持ちが前向きになり、心もひらきはじめると言われています。
　ですから、先ほどの会話例でも「こんなふうになりたいと思いませんか？」と聞かれたら、「そうしたいです」という答えが返ってきますよね。
　このように、お客さまの内側にあるYESを引き出していってあげればいいのです。

3章　「接客・カウンセリング」の極意

06

お客さまには「なぜそうなりたいのか」をヒアリングする

お客さまのことを深く知ることに力を入れる

エステサロンを訪れるということは、かならず何らかの目的があるはずです。

お客さまの目的というのは「痩せたい」「肌荒れを治したい」といった部分のことです。さらに言えば、「痩せたい」理由にもいろいろあるはずです。

ですから、「**そもそもどうして痩せたいのか？」という理由を聞き出しましょう。**

ところが、セラピストには「痩せたい」と言われれば、「痩せるためにはこうですよ。ああですよ」と言ってしまう人が多いのも事実。それよりも前に、本来は、「どうして痩せたいんですか？」と聞かなければいけません。

痩せたい人にも、お顔の手入れをしたい人にも、それぞれの「どうして」があるのです。

その部分に耳を傾け、「本当はどうなりたいの？」というところ

73

まで知ることができれば、お客さまとの間に深い信頼関係を築くことができます。

「○○さんは?」を主語にした対話をする

　心をひらいて話すには、相手をある程度信用していることが前提条件として必要です。ですから、お客さまに心をひらいていただくには、遠回りに感じるかもしれませんが、とにかく相手を深く知ろうとすることが欠かせません。

　親しげに話して仲良くなろうとする必要はないのです。
　ただ、こちらが専門性を持ったうえでお客さまの話を聞いているということは、示したほうが信頼関係を生みやすいでしょう。

　会話するときには、「事柄」ではなく「人」にフォーカスすることが大切です。

　「痩せるためには…」「この機械は…」「この商品は…」という話題は、すべて事柄のことです。

3章 「接客・カウンセリング」の極意

　常に「○○さんは？」という会話にすれば、お客さま自身が主役になります。

　自分に注目して話を聞いてくれる人を嫌いになる人はいません。
　お客さま自身に注目して、親身になって話を聞くという姿勢を習慣にしましょう。

　その姿勢を持って接していれば、「絶対に契約してやろう」と思わなくても、いつの間にか成約率が上がっているはずです。

75

07 データを多用して 説得力を高める

人体の知識は頭に入れておく

　先述しましたが、お客さまとの会話や、信頼を築くためにも、医学的な指標データなどを頭に入れておくことはしたほうがいいでしょう。

　赤血球の寿命が120日、細胞の新陳代謝は100日、皮膚のターンオーバーは28日といった、数値の指標は具体的に示せるといいですね。逆に、わたしは、機械の性能の数値を出すのをやめたほうがいいと指導しています。お客さまは機械そのものを知らないわけですから、メーカーさんが示している機械の性能の数値をそのまま伝えても、伝わらないのです。

　おすすめなのは、人体の知識の基本をしっかり勉強しておくことです。**とくに解剖生理学の分野は、ぜひ学んでほしいと思っています。「家庭の医学」**や**「人体のしくみ」の本などを読んで、学んでみるのもいい**でしょう。お客さまのさまざまな悩みにお答えできて、信頼されますよ。

3章 「接客・カウンセリング」の極意

08 タイプ別 女性客の対応例

共感できるキーワードを探す

　ここでは、タイプ別でわかる女性の対応例をご紹介します。

　総合的に言えば、**契約に結びつきやすいのは、真面目でおとなしそうなタイプに多く、自分を正当化して調子よく話すタイプの女性の場合は、意外と契約に至りにくい**ところがあります。

　ここでは、エステサロンを訪れやすいタイプを中心に、ご紹介します。　コミュニケーションの参考にしてみてください。

ふくよかな人

　かなりふくよかな人が「ダイエットをしたい」と言って来店されても、じつは契約の確率は低いのです。病院の先生から痩せるように強く言われてきた人以外は難しいでしょう。**意識の高い人なら、もっと手前の段階で訪れている**はずだからです。

　はっきりした目的がなく「そろそろ痩せようかな」という意識の場合には成約を期待しないほうがいいと思います。

77

長期間で痩せようとする人

　「１年ぐらいかけて痩せたいんです」と言う人は、短期間で高額なお金を使うことはリスクが高いと思っているので、長期間で痩せようとします。

　しかし、**３カ月単位で結果を出そうとするエステサロンで痩身を実現するのは難しい**と言えます。

高飛車な人

　高飛車な女性が来店したときは、**まずその人を肯定してほめてあげることが大切**です。売り込むところから入ってはいけません。

　かならずウィークポイントはあるので、その点を質問していくのがいいでしょう。

　「日頃から、美容に関して気をつかっていらっしゃるんですか？　素晴らしいですね！　たとえばどんなことをされていますか？」

　「それは意識が高いですね！」（ほめる）

　「お困りのことがあるのではないですか？　それについてはどう

3章 「接客・カウンセリング」の極意

ケアされているんですか？」

　このように、ほめてから悩みを聞き出すようにすると、悩みを打ち明けていただきやすくなります。

　基本的には「この人に話せば解決できるかもしれない」と思えなければ、お客さまは心をひらきません。ですから、こちらにどれだけ専門性があるかということは伝える必要があります。

　ですから、新人ではなくベテランが対応するのがおすすめです。このような面も含めて、「尊重している」ということをお客さまに示していきます。

　悩みの内容によっては答えられないこともあるかもしれませんので、最初に「わたしは○○の専門です。ある程度のことはわかるつもりですが、もしわからないことであれば、わからないと言いますね」とあえてはっきり伝えましょう。

　そうすると、「この人は適当なことは言わないな」と受け取っていただきやすくなります。

細かいことにこだわり、説明を求めてくる人

　細かい説明を求めるお客さまに対しても同じです。事前に、「専門外のことでわからない点があれば、わからないと言いますね」と伝えることで、ずっと質問し続けてくる流れを切り替えることができます。

　たとえば、20万円のコースの内容について、さまざまな条件を出してくるお客さまがたまにいらっしゃいます。でも、サロンもプライドを持って、商品をリリースしているわけです。

　ですから、たびたび突っ込まれる場合には「うちでは、代表が厳選したものを提供しています。お客さまの見立てより、こちらの考え方に基づいていただいたほうが、より効果が高いと思います」としっかり伝えましょう

　また、契約内容の中身を重視して契約する人と、サロン

3章　「接客・カウンセリング」の極意

側の人間性を重視して契約する人の2タイプの人に分かれます。契約前に細かいことにとてもこだわる人は前者で、サロン側の人間性を評価していません。

この場合には、「**わたしを信用してもらうしかありません**」と言い、**そこでご納得いただけなければお断りしたほうがいい**ですね。

契約の中身を気にする人は、なかなか心をひらかないことが多いのです。

ですから、長期的なお付き合いは難しく、いつまでたっても心をひらかないときには、途中でフェードアウトしてしまうことも…。

でも、何か課題を感じているから来店されるわけです。
もし、その人が心を閉ざしているのならば、閉ざしている要因に気づいてあげる姿勢は持っていたほうがいいですね。そういった心持ちで関わっていると、どこかで心をひらいてくる人もいらっしゃいます。

多少時間がかかっても、徐々に来店時の表情が変わり、「あ、楽しみにしていらっしゃっているな」ということがわかります。

81

自信のない人

　自分に自信のないお客さまには、「ここまで目指すのはどうですか？」と目的を提案し、「そのためにはこんなプランが向いているのではないでしょうか？」と、美しくなるためのプロセスを具体化してあげることが必要です。

　何か悩みや問題があるから来店しているわけなので、その人にとって納得のいく提案ができれば、契約につながっていきます。

　いかがでしょうか。
　すべての人にかならず当てはまるとは言いきれませんが、傾向はつかみやすいかと思います。

　とくに新規のお客さまとは、距離を縮めるヒントになりますから、ぜひコミュニケーションに役立ててみてくださいね。

3章 「接客・カウンセリング」の極意

09 色でわかるお客さまの心理

色の診断を取り入れる

　そのときに気になった色によって、人間の心理が見えてきます。
　女性はカラー診断やカラー心理学を好むところがあるので、サロンのカウンセリング時に取り入れたり、お客さまが身につけているファッションで判断する材料にするのはおすすめです。

　わたしのサロンでは、カラーボトルを置いており、新規のお客さまが来店されると選んでいただくようにしています。すると、話が弾みますよ。

赤：行動力・衝動的…「目的達成型」という特徴がある
青：保守的「人間関係重視型」という特徴がある
黄：知的「情報収集型」という特徴がある
ピンク：情緒的「ユニーク型」という特徴がある

赤タイプ

　赤を選ぶ人は、保険のセールスレディのような人です。とても行動力があり、目的が達成されるとわかれば、決断が早いところがあります。また、「先着」や「限定」という言葉に惹かれるところが多いですね。

　衝動的かつ目的も明確なので、メニューをすすめるときなどは「大丈夫です」の一言でOKです。

　だらだら解説するよりも、背中を押してあげたほうが物事が進みます。

青タイプ

　青を選ぶ人は、人間関係を重要視するので保守的な人です。

　たとえば、レストランや美容室など、気に入ったところが見つかれば、ずっとそこにしか足を運ばなくなったりします。

　最初は距離感を持って人とお付き合いしようとしますが、一度距離が縮まると、ずっと強固な間柄になるのも特徴です。わたしも青

を選ぶタイプなのですが、自然とまわりにもブルーが多くなり、長いお付き合いをするケースが多いですね。

コミュニケーション面で言えば、最初からズケズケと入られるのを嫌うため、答えを相手に導かせるのがいいでしょう。
「〇〇さんだったらどうしたいですか？」と相手を尊重するスタンスが大切です。

黄タイプ

黄色を選ぶ人は、知的で、なんでもすぐネットで調べたり、正確な情報を収集したがる傾向にあります。

聡明な分、**「なぜいいのか」という理論的な説明を好むので、根拠のある情報を与えてカウンセリングしたほうがいい**でしょう。「とにかくいいから」という発言は、NGです。口コミ情報なども気にします。

ピンクタイプ

　ピンクを選ぶ人は情緒的で、一風変わった人に多いですね。自分だけの世界観や独特な価値観を持っています。ですから、**その独自のセンスを認めてあげるところから関係を深めていくのがいいで**しょう。

　たとえば、「その洋服、かわいいですね」「そのバッグが素敵ですね」などと声をかけるようにすると、「わたしのことをわかってくれる」という心理になりやすいと言えます。

　相手のタイプに合わせてこちらの話し方を変えると、コミュニケーションがうまくいきやすいですよ。ぜひ試してみてください。

3章 「接客・カウンセリング」の極意

10 女性のここをほめると喜ばれる

小さな変化に気づいてあげる

女性がほめられると喜ぶポイントは、なんと言っても肌です。

その次に髪や服装です。

余談ですが、バッグにお金をかける人は、信頼関係のあるお店での高額な提案にも「イエス」と言いやすいところがあります。バッグには注目しておくといいでしょう。

女性のお客さまをほめるときには、相手のちょっとした変化に気づくことがポイントです。

たとえば、お客さまが来店されたら、次のような言葉をかけてみてください。

言葉がけの例

メイク「今日のメイク、お似合いですね」

髪型 「髪を切りましたよね」

洋服 「その色の選択するのは珍しいですよね」

87

肌　「肌のトーンが変わったようですが、化粧品を変えましたか？」
ネイル「あれ、またネイルが変わりましたね」
バッグ「いつも素敵なバッグを持っていらっしゃいますね」

　ひと言でもいいのです。お客さまのよいところを探し、気持ちのよい言葉がけを心がけたいですね。

4章

サロン経営
「お金」の極意

01 売上至上主義を やめる

売上は、あとからついてくるもの

エステサロンは比較的、「この人はお金を持っているな」と思うと、おすすめするメニューの価格を上げていく傾向にあります。

追加の提案も積極的に行います。女性はとくにそのあたりに弱く、結果が出なくても、つい買ってしまいがちです。

多くのエステサロンで「○回来店されたら、この提案をしなさい」というルールが決められています。サロンのお客さまがだんだん減っているのは、そういった強引な商法があるからだと、わたしは考えています。

売上を高めたいなら、まず売上至上主義をやめることです。

矛盾する話のようですが、第一目標を売上にしてしまうことで、失われていくものがたくさんあります。

売上は、質の高いサービスを提供したあとについてくるものです。

いま一度、その軸に立ち返ってみてください。

4章 サロン経営「お金」の極意

02 客数×客単価×リピート数で 計算する

ゴールから逆算する

売上の見立てを立てるとき、「客数×客単価×リピート数」、この方程式を、いつも頭に入れておきたいですね。**大切なのは、いつもゴールから決めること**です。

たとえば、1カ月100万円の売上をあげたい場合。

1）客単価5000円のビジネスをのべ200回
2）客単価1万円のビジネスをのべ100回

この2パターンをまず想定します。

2）の場合、週1回来店するお客さまなら月4回なので、25人を想定すればいいですね。1）の場合になると、50人が必要です。

あなたのサロンでは、月に25人か50人、どちらを集められるでしょうか。次に、「その25人に1万円を払っていただけるコンテンツは何なのか？」を考えます。

25人のお客さまがどんな人たちで、どんな欲求を抱いているのかを書き出していきます。そして1万円でも買いたくなるメニューを、徹底して考えていく。このクセをつけてほしいのです。

91

03 都度払いと定額制で 「通い放題」が主流の時代に

明朗会計が好まれはじめている

　最近は1回3万5000円で、目に見えた効果の出るサロンがあります。1回ぽっきりの紹介制で、絶対に営業してこないサロンがクチコミで広がっているようです。

　脱毛サロンをはじめとして、都内では回数券システムが崩壊しつつあります。
　ある脱毛専門店が回数券を売って倒産してしまったという事例が影響しているのかもしれません。

　わたしは、**サロンに自信があれば、都度払いでもいいのではないか**と思っています。
　前受け金ビジネス（回数券、プリペイドカード）の場合、現金の流れが1.5倍くらいになるので、回数券にするとオーナーの経営はラクになります。

　ただ、職人肌のオーナーの場合、2回目以降にお金が入ってこないとやる気が失せてしまうこともあります。

92

4章 サロン経営「お金」の極意

回数券制度のメリット、デメリット

　回数券を設けると、一度払えばあとは通うだけなので、お客さまが来店し続けるハードルは下がります。

　そのかわり、来店頻度はお客さま主導型になりやすいですね。

　化粧品にも言えますが、セラピストから「たっぷり使ってくださいね」と言われても、中身が少なくなってくると、だんだん使い方も少しずつになっていくものです。

　ただ、そのようにお客さまに任せてしまうと、来店頻度を確保できずに結果も出しづらくなってしまうというデメリットがあります。

　結果を出すために、セラピスト主導でお客さまの来店頻度を誘導できるのであれば、回数券でもいいでしょう。

都度払いと定額制

　最近の傾向では都度払いの明朗会計が消費者に喜ばれるようになってきています。

　1回1回会計するタイプのサロンになると、店舗として拡大しに

くいデメリットはありますが、小規模でも安定した経営をしたいオーナーには、時代にも合っていておすすめです。

必要なものを必要なときに、そして適正価格でというのが求められる時代になってきているのですね。

また、定額制も主流になってきています。脱毛サロンでは、通い放題の制度が、随分と定着してきました。

とくに若年層は、一度に高額商品を購入することが減ってきたのがうかがえます。

これからは、サロンで提供するメニューは、なぜ定期的に通う必要があるのかが問われる世の中になってくるでしょう。

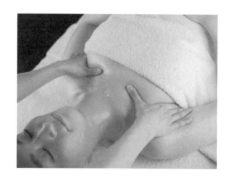

4章 サロン経営「お金」の極意

04 過剰在庫は持たない

掛け率や利益率が悪くても、最初はバラで購入する

　美容業界では、メーカーから商品を購入するときにロッド数を聞かれます。メーカー側からすれば、より多くの商品を購入してもらうためです。サロン側も、利益率を維持するために、少し過剰に購入します。わたしの会社の倉庫にも、かなりの在庫があります。

　でも、ここで注意したいのは、過剰な在庫を持たないことです。**注文しようとしている数は、本当にサロンにとって適正なのか。**
　常にこの問いかけをしてほしいのです。

　6掛けと5掛けで利益率の差があるとき、少し多くても、十分にさばけると判断できれば、5掛けのロッドで購入し、難しそうなら無理にロッドで買わず、6掛けのバラで買えばいいのです。

　「ロッドのほうがお得」という安易な発想で購入すると、結果的に痛い目に遭うこともあります。
　物販に関しては、利益率よりも、実際にさばけるかどうかという視点で考えましょう。

95

ディスカウント商品に安易に手を出さない

消費期限のある物販は、とくに、慎重に購入しましょう。

サロンにロッドで購入してもらえるように、メーカーではキャンペーンを仕掛けます。サロン側もロッドで仕入れるため、お客さまにキャンペーンを打ち出すのですが、うまくいくとは限りません。

結局、ディスカウントした分、利益が減ってしまうことにもなるのです。

ロッド購入やディスカウント購入でも利益を出せるのは、十分な顧客リストがあって、「これくらいの人数には確実に販売することができる」と踏めるときだけです。

目の前のお得感に惑わされず、細やかに見立てを立てて、商品を購入するようにしましょう。

4章　サロン経営「お金」の極意

05 オーナー自身がお客さま層に 合わせた金銭感覚を持つ

使ったお金に見合った金額が入ってくる

　オーナー自身が、対象とするお客さまに合わせた金銭感覚を持っていなければ、ビジネスは継続してうまくいきません。

　この業界の価格の松竹梅は、松が1万円、竹が5000円、梅が3000円程度です。

　わたしは、指標としてオーナーに「あなたは美に対していくらお金を使っていますか?」「美容室に行ったときに1回いくら払いますか?」「どれくらいの間隔で通いますか?」と質問します。

　カラーリングやパーマなどをオーダーするかどうかは人それぞれですが、1回で1万5000円使っている人でも、3カ月に1回しか行かないのであれば、1カ月あたりのコストは5000円です。1万5000円を支払う経験をしていても、ならしてみると月5000円。ということは、単価1万円の松のビジネスは成功しづらいと考えます。

　自分自身にお金を払う習慣があれば、いただくことにも抵抗がなくなるものです。だからこそ、ビジネスを拡大したいなら、オー

97

ナー自身がお金を払うことに慣れる必要があるのです。

客単価より、まずオーナー自身の金銭感覚を上げる

たとえばランチでも、金銭的に豊かな人は、松竹梅の松のメニューから見るものです。一方、あまりお金に余裕がない人は、メニューを下の梅から見ます。ぜひメニューを上から見るクセをつけてください。

人からお金をいただくのに、「うわっ！　すごいお金をもらっちゃった！」と思うのか、当たり前と思えるのか。その金銭感覚は重要です。客単価を上げることよりも、まずはオーナー自身の金銭感覚を上げることです。

また、**1万円のビジネスをしたかったら、いつもお財布に10万円を入れておきましょう**。ある有名芸能人は、クレジットカードは使わずに、現金で払うそうです。理由は、財布を開けたときにステイタスを感じるから。いつも100万円ほど持ち歩くそうです。高い金額に慣れるのも、オーナーの仕事のひとつですよ。

4章 サロン経営「お金」の極意

06 オーナー自身の時給を決めておく

ほしい年収を決めて、自分の時給を明確にする

　年収2000万円を達成したければ、週40時間労働、年間2080時間働けば、時給1万円になります。

　このように、オーナー自身がほしい年収を決めて、具体的にしておくと、どれくらいの規模でビジネスを展開すべきなのかが、見えてきます。

　そのために、**オーナーがまず把握すべきは、「自分がいま、時給いくらの仕事をしているのか？」という現状を把握すること**です。

　もし1万円を切っているのなら、そのまま発展させていくのが難しいでしょう。

　スタッフを雇い始めたら、少なくともスタッフの年収の倍以上の売上が必要になります。

　オーナーが年収1000万円を確保したいなら、最低でも年商2000万円の仕事をしなければなりません。

　2000時間で割ると、1時間1万円の仕事をしなければならない計算ですね。

99

店舗を増やしたいなら…

　店舗を増やすことも見据えると、まず、ひとりの人員がどれぐらいの売上を立てられるのかを考えます。比較的有能な人の場合、前受け金ビジネスで150万円〜200万円を売上げられます。これができる人は、店長クラスになってきます。

　そうなると、1店舗2〜3人のところで、売上200〜250万円（月）です。年商で言えば3000万円くらいになりますね。これくらいあれば、人件費を含めても順調なビジネスと言えます。
　年商1億円を目指すのであれば、最低3店舗が必要でしょう。

　おおまかな概算ですが、店舗を増やすと覚悟を決めたら、目標の売上に対して、具体的に誰がどの程度の売上を上げなくてはいけないのか、頭に入れておきたいですね。

4章　サロン経営「お金」の極意

07 入ってきたお金は、次のステップのために投資する

お店を出すことは通過点

「金庫のなかのお金を出さないと、お金は入ってこない」という言葉があります。お金は貯めるものではなく、自分がしたいことに投資するものです。

いまあるお金とは、過去の実績で入ってきているものです。そのとき生まれたお金で人間関係が築かれ、ビジネスチャンスが生まれます。そこに新たに投資をしていかないと、ビジネスは大きく成長していきません。お店を出すことがゴールになってしまっている人が多いのですが、それは単なる通過点です。

うまくいかず頭打ちになってしまう人は、お店を守ることだけに執着して、お金を使わない傾向があります。

一方、うまくいく人は、常に「自分のやりたいことは何か」を考え、自分に投資します。自分自身を資産ととらえているのですね。

お金は、サロンの可能性を最大限に生かすものです。「どういうサロンでいれば他人から求めてもらえるのか」というところにフォーカスし、自分を生かせる投資は惜しまないようにしましょう。

101

08 ブームを追いすぎない

安易な皮算用に要注意

　ブームとは一過性のもの。一発屋のお笑い芸人と同じで、そのときは流行しても、決して長続きしません。

　「ビューティーワールドジャパン」にも、毎年新しいものを探し求める人たちが来場します。目的は、サロンの売上の大半を占める生涯顧客を飽きさせないためと、新規顧客を取り込むためのトレンド探しをするためです。

　ブームに便乗しがちなオーナーは、たとえば200万円の新しい設備をメーカーからすすめられたとき、「20万円のものを常連のお客さま10人に売って、11人めからはポータルサイトや新規顧客から回収すれば利益になるわ」と、安易な皮算用をしてしまいがちです。

　しかしこれは非常に危険な判断です。**いつ終わるのかわからないブームに投資してしまうと、その設備が短命であるほど借金が残ることになってしまう**からです。

　一時期流行した岩盤浴は、まだ残ってはいるものの、岩盤浴だけ扱っているお店は、いまやすっかり影を潜めています。賢明なオーナーほど、安易にブームには乗らない目を持っているのです。

5章

「スタッフ育成」
の極意

01 まず着手すべきは スタッフの接遇レベルの標準化

接遇サービスをしくみ化する

　人は、マイナス面を基準に評価をするところがあります。

　これは日本人特有かもしれませんが、たとえば、飲食店で態度の悪い店員さんがいたら、いくらおいしいものを提供されたとしても、「なんだ、この店は！」と評価を下げて考えませんか？

　レベルを標準化することが、本当の接遇です。**サロンを経営する以上は、接遇サービスをしくみ化し、誰が提供しても一定のレベルを保ち続けることが重要**です。

　しくみ化することは、人気キャラクターのかぶりものにたとえることができます。お店にはキャラクターがいればいいのです。だからこそ、セラピストによって差が生まれるのはご法度。

　人気キャラクターの役割をしっかり担えた人は、今度はかぶりものを取ってパーソナルブランド（匠）を目指してもらえばいいですね。

　接遇する全員が、まずは、キャラクターになることを目指しましょう。

5章 「スタッフ育成」の極意

サービスをしくみ化できると、広げやすくなる

ある人気フランチャイズトレーニング教室は、テストがとても厳しいそうです。本部で1カ月の合宿があり、卒業試験に合格した人でないと、お客さまと対話することは一切禁止だと言います。

会員さんと会話する際のトークマニュアルから、接遇の心がけまで、どこを見ても素晴らしく、徹底してレベルを保つための標準化がなされているのです。だからこそ、全国に大きく展開され、人気を博しているのですね。

「人手が足りないから」「早く現場に入らせたほうが売上につながるから」という理由で早々に店頭に立たせてしまうと、長い目で見たときにはマイナスになってしまいます。

技術を磨く前に、接遇レベルの標準化にも力を入れたいですね。

02 海賊船型採用を徹底する

パーツとしてスタッフを採用する自動車型採用

スタッフは、雇ってから育成しようと考えていませんか？

そうすると、どうしてもバラバラのタイプの人が集まり、退職も続いてしまったりします。

わたしは、**はじめから「この船に誰を乗せるのか？」という乗組員のイメージをはっきりさせて採用することをおすすめしています。**

採用の仕方には、大きく2つあります。

ひとつめは「自動車型採用」です。

オーナーは運転手。スタッフは、タイヤであったり、ライトであったり、ワイパーであったりします。

この場合、**オーナーは自分の行きたいところへ運転していくのですが、スタッフはその自動車のパーツになってしまっているケースが多い**のです。

パーツは、言ってみれば作業者のようなもの。

タイヤやライト、ワイパーなどのパーツは消耗品なので入れ替えしますし、ひどいときは新車に替えてしまいます。

5章　「スタッフ育成」の極意

　つまり、パーツとしてスタッフを採用している場合、メンバーの入れ替えが頻繁にあると考えたほうがいいでしょう。

信頼と安心のもとで協力しあう海賊船型採用

　ふたつめは「海賊船型採用」です。
　海賊船は、宝の山へ向かって、みんなで宝を取りにいくわけです。宝の山＝目的地は望遠鏡で船長だけしか見ていません。ほかのオールを漕ぐ人や舵を切る人には見えていません。

　でも、船長が、目標である「宝の山まで行くぞ！」と言えば、「宝の山にたどり着いてみんなで山分けするぞ！」という、**明確なビジョンがあるので、役割分担している人たちも一致団結します。そして船長の想いを信用して、進み続けます。**

　各々の役割もはっきりしており、仲間意識も強い。目標達成のために船から逃げ出す人はほとんどいません。
　このように、信頼と安心のもとで協力しあっていくのが、海賊船型採用です。

107

目標である宝の山を見るのは、オーナーである船長、舵を切るのは右腕幹部です。そして、メンバーたちが一生懸命オールを漕いで目標の場所へ向かいます。

　このように、採用する段階から、明確な理念のもとで、船に乗せてもいいメンバーなのかどうかを判断するようにしたほうが、結束力の強いチームが生まれます。
　あなたはどちらの採用をしていますか？

5章 「スタッフ育成」の極意

03 スタッフは3分類で考える

職人型、幹部候補型、独立開業型

スタッフは3タイプに分類できます。

・職人型
・幹部候補型
・独立開業型

職人型は出世欲もそうなく、「仕事さえ提供してもらえれば、一生懸命やります」というタイプです。給料アップの要望もあまりありません。

幹部候補型は、そもそも独立願望がありません。わたしは、組織をつくるときには「『ナンバー1を目指さないナンバー2』を獲得せよ！」と言います。そうすることで、組織が強固になるからです。

業界的には、独立開業型を希望する人が多い傾向にありますが、だからこそ、ナンバー2の人材を確保することが、非常に大きな価値になります。

109

それぞれのタイプの合った声かけをする

　わたしは、採用したら、はじめの段階から本人に、自分はどのタイプだと思うかを聞くようにしています。

　職人型には、とにかく施術をがんばってもらうことにします。

　幹部候補型ならば、「将来的に幹部を目指してもらうので、かならず給料も上がっていきますよ」と伝えます。

　独立開業型の場合には「あるところまでは同じように育てられるけれど、そこからは給料は上がりませんよ。そのかわり、独立開業を支援してあげます」と伝えるのもいいでしょう。

　このように、**人材の評価基準も含めて、スタッフの将来を一緒に描いていくようにします。**

　そうすることで、突然の退職で揉めてしまったり、「聞いていない！　あんなによくしてあげたのに裏切られた！」「幹部にしようと思っていたのに、抜けてしまった！」といった行き違いを防ぐこともできます。

5章　「スタッフ育成」の極意

04　ナンバー2は　オーナーと反対のタイプがよい

理想はナンバー2が厳しく、オーナーが優しい組織

　さまざまなサロンを見ていると、自分と似たタイプの人をナンバー2に置いているところがあります。

　自分と似た考えなら、一見安心はできるのですが、チームとしてとらえると、十分とは言えないかもしれません。

　わたしは、**ナンバー2はオーナーとは真逆のタイプを採用することを推奨しています。**

　たとえば、オーナーが厳しければ、中和してくれるような存在がいいでしょう。ただ、本来は、オーナーが怒ってばかりでは組織としての空気が悪くなってしまうので、ナンバー2が厳しく、オーナーは度量が大きいように見せられるのが理想的です。

オーナーが優しいほうが組織はまわる

　わたしの場合は、いつも怒ってばかりでした。ナンバー2が弱くて優しいタイプであると、スタッフはナンバー2を逃げどころにして、相談に行ってしまいがちです。

111

ですから、退職の申し出などでオーナーに話がくるときには、すでに相談ではなく、辞めるという決定事項であがってきます。
　こうなると、もう対処のしようがないので、**やはりナンバー２が厳しく、オーナーが優しいほうが、離脱者の少ないチームをつくれる**のではないでしょうか。

　さらに言えば、「セラピストはこうあるべきだ」というお店のマニフェストを、ナンバー２が厳しい目で評価できる基準を持って示せると安心ですね。

5章　「スタッフ育成」の極意

05 スタッフが増えてきたときに、かならず押さえたいこと

エステサロンも理念経営を

　女性が大多数を占める業界では、派閥や好き嫌いがあり、かならずといっていいほど人間関係がギクシャクします。

　ですから、理念に共感した人だけが集まる組織をつくることが大切です。

　これは採用の段階から考えていきましょう。

　わたしは、エステサロンも理念経営をすべきだと思っています。

　残念なことに、セラピストも治療家も、そのお店で一生働こうという人は、あまりいません。

　そのサロンで得られる経験値や新しい知識などをインプットして、次に活かすことを前提に応募してくるのです。

　だからこそ、**サロンが理念を発信し、その思いに共感してくれる人をメンバーに加えるスタンスが必要**です。

　入っては辞めていく、という状況を繰り返す経営は、そろそろ卒業しませんか？

113

理念ありきなら、人が辞めにくい組織になる

　理念を掲げて経営することは、採用する際だけでなく、既存のメンバーへの意識づけにも活かすことができます。**常に同じ志を共有し合っていれば、辞めにくい組織づくりもできます。**

　わたしが発足する団体では、次のような理念を掲げています。

「笑顔と感謝があふれる世界を創り出す」
「感謝という絆によって、笑顔と自信に満ちあふれた社会づくり」

　この思いに共感する人が集まってくるので、志の高いチームになります。ぜひ、あなたのサロンの理念を明確にして、発信してみてください。

5章 「スタッフ育成」の極意

06 スタッフの技術力を上げる場をつくる

スタッフのクオリティで勝負しなければいけない時代

　安定した経営を実現しているサロンは、生涯顧客からの売上が7～8割を占めています。生涯顧客はオーナーについているケースが多いのですが、それでは、オーナー自身が売上を上げることができても、スタッフは伸びないという状況が続いてしまいます。

　現在では、さまざまなエステが増えて、施術のジャンルが多岐にわたり、競争も激化するようになってしまいました。

　さらに、機械を主にしたメニューを取り入れているため、セラピストとしてのクオリティが上がりません。**限られたマーケットのなかで勝負するからこそ、各々のセラピストが、もっと身体のことを勉強しなければいけないのです。**

技術もビジネスも学び続けることが大切

　厳しい時代が訪れたということは、経営者としての在り方を顧みる時代がきたということではないでしょうか。経験則だけでビジネスを運営する時代ではなくなってきたということです。

115

どんなに時代が移り変わっても、お客さまにとって必要なものを提供できなければ、生き残ることはできません。それには、まず基本からです。

　その分野の専門家なのだという意識で、知識力も接遇力も技術力も高めていかなければ、長期的にうまくはいかないと思うのです。

プロ自身が学べる場が必要

　これからは、プロ自身が学べる場を、もっとつくっていかなければいけないのではないかと、わたしは危機感を抱いています。

　セラピストになる際に学ぶ場はあっても、その後、学びを深める場所が日本にはほとんどありません。

　医師の仕事も、日本は更新制ではないのですが、アメリカでは年間の勉強時間などがルールとして定められており、定期的に更新のためのテストがあります。だからこそ、クオリティを保っていけるのです。

　日本は、資格を取った者勝ちの既得権益のなかで生きていて、そ

5章 「スタッフ育成」の極意

の後ブラッシュアップしていくかどうかは、個々の意思に委ねられています。スモールビジネスのままでいいという場合は、それでもなんとか食いつないでいけるのでしょうが、この先はどうなるか、正直なところわかりません。

安価な機械の登場が価格破壊の一因に

エステ業界が勢いのあったときから、現在のように劣勢となった背景は、社会情勢だけが原因ではありません。

昔は、機械はとても高いものでした。つまり、機械が買える体力のあるエステサロンしか設置していなかったわけですが、いまや中国製や韓国製の安価な機械が出回るようになりました。

参入障壁が低く、機械も安い。ラジオ波のメニューをひとつとっても、200万円の機械を使っているサロンもあれば、30万円の機械を使っているサロンもある状況です。

高価な機械のみが出回っていたときは、施術効果も高い分、高額

でもお客さまも呼べたわけです。契約価格が50万円というのは珍しくありませんでした。ところが、現在ではその何分の1もの価格の機械が登場した分、価格破壊が起こり、さらにクオリティも落ちてしまっているのです。

こういった状況が続いていくと、エステサロン業界は、ますます疲弊してしまいます。**オーナーひとりの力量に頼るのではなく、投資を惜しまず、各スタッフが実践しながら学べる場を持つことが不可欠**です。

一人ひとりのクオリティを上げれば、チーム全体が盤石な組織になり、売上も安定して右肩上がりになるでしょう。

自社内だけでなんとかしようとするのではなく、時には外部の講座を積極的に受講するなどして意識を高め、これからの時代に備えた体制を築きたいものです。

5章 「スタッフ育成」の極意

07 スタッフは家族

スタッフは作業員ではない

　強固な組織を目指すには、親身になってスタッフたちを育てる想いがなければ成り立ちません。わたしの場合、スタッフたちを丁稚奉公のように厳しく指導していました。とはいえ、月の半分以上を一緒にご飯を食べて過ごしており、家族のようでもありました。

　「このメンバーたちを成功させてあげたい」という想いで関わっていたので、わたし自身も充実していました。

　当時のスタッフは、現在それぞれに独立し、サロンを構えているのですが、毎年わたしの誕生日会を開いてくれるのは彼らだけ。

　このような関係性を組織としてつくるのが理想ではないかと、わたしは考えています。

　裏を返せば、**スタッフを作業員してとらえているかぎり、退職者が増え、ビジネスも頭打ちになってしまうでしょう。**

スタッフたちは共に協力し合うパートナー

　人を雇うということは、そのスタッフの人生を、責任を持って幸

119

せへと導く役割があるということです。

　終身雇用の時代は薄れてきていますが、こんな時代だからこそ原点に立ち返ることが大切なのではないでしょうか。

　お互いの人生が成功したと言えるよう、そして共にビジョンに向かって協力し合える仲間となるよう組織を構築したほうが、確実にオーナーもメンバーも、得るものが大きくなると思うからです。

　自分のことしか考えていないオーナーなのか。
　それともメンバーのことを心から想うオーナーなのか。
　スタッフたちはよく見ています。

　「スタッフの成功が自分の成功」と思えるくらい家族のように深く心を寄せていれば、強くて温かいチームが生まれます。
　決して「スタッフは自分の利益を生み出す作業者」として、扱うことがないようにしたいものです。

6章

「集客」の極意

01 メニュー化より先にすべきは ターゲットを明確にすること

どんなお客さまにどうなってほしいかを具体的にする

　サロンでよくやってしまいがちなのは、メニューをつくるところからはじめてしまうことです。それよりもまず、「誰にどうなってほしいか」を明確にすることが先です。

　ターゲットを明確にするというのは、**誰にどうなってもらいたいのか、どうしてわたしにそれができるのか、ここを明確にすること。それができてからメニューにしていくのです。**

　メニューをつくってから、「このメニューをどうやって売ろうか」「どんな人をターゲットにするか」「単価はどうしようか」と考えているようでは、順序が逆です。この場合、集客が非常に難しくなってしまいます。

　ほとんどのメニューは、すでにどこかのサロンにもある場合が多いので、お客さまの目にとまりにくいのです。

　自分たちのサロンは何ができて、どんなお客さまにどうなってほしいかをはっきりとさせていく。そのほうが、お客さまがつい通いたくなるような発信をしやすくなります。

6章 「集客」の極意

02 新規顧客に依存しない

新規客と既存客の理想の比率は2:8

女性客をターゲットにする場合に大切なのは、リピートしていただけるかどうかです。流行りものというのは、1回は足を運びますが、長続きしません。それより、**継続的に通っていただけるかどうかが大切なポイント**になります。

新規客と既存客の理想の比率は2：8と言われています。

わたしたちは、身体を触る仕事をしているので、手のひらが信号をキャッチするかのように、お客さまの身体のちょっとした変化にもとても敏感です。

そうすると、その変化をお伝えすることで、通常は1カ月に1度の来店頻度も、そのときの状態に合わせて早めるようすすめることもできます。

集客と言うと、つい新規顧客を呼び込むことを考えてしまいますが、お客さまに継続していただける流れをつくることに力を入れたいものです。

03 獲得したい層によって 媒体を選定する

戦略的に媒体を活用する

集客の強い味方になってくれる広告媒体。

そうは言っても、ただやみくもに広告を出せばいいというものでもありません。

戦略的に媒体を活用するのであれば、まずは獲得したい層によってどの媒体にするかを選びましょう。

ホットペッパーは、新規の集客人数は少ないものの、具体的な目的を持っているお客さまが多い傾向にあります。

グルーポン、ルクサなどは体験サイトなので、クーポンを使って、いいサービスを安く提供してもらいたいお客さまが多いようです。

この人たちを定価に持っていくことはほとんど無理でしょう。

EPARK（イーパーク）のリラク＆エステの部門は、比較的集客能力が高いと言えます。ただ、ホットペッパーのほうが、会員数が圧倒的に多いのが特徴です。

それに対抗するべく、「キャシュポ」という現金と同等の扱いの
クーポンを発行しています。ここを見て来店する人は、元の価格は
高いものの、キャシュポがある分、常にディスカウント価格で購入
ができるため、ほかの媒体に比べると少々購買意欲がある人が多く
なります。

　ただし、**初回価格を引き下げるクーポン系のサイトから集客した
お客さまは、通常価格での購買意欲は乏しく、同様のサービスをサ
イト内で検索しがち**です。

　よほどのことがないかぎり定価で買わない傾向にあります。
　専門性を打ち出して、「続けて通ってみようかな」と思っていた
だける試みが必要です。

それぞれの広告媒体の特徴

〇ホットペッパー
- ・カテゴリー別メニューがある
- ・掲載料がかかる
- ・ネット予約

〇グルーポン、ルクサ
- ・まずお店を知ってもらいやすい
- ・一度に多くのお客さまを獲得したいときに有効
- ・TEL予約

〇EPARK（イーパーク）
- ・キャシュポでお客さまの支払いの負担が軽減できる
- ・成果報酬での支払い
- ・ネット予約

6章 「集客」の極意

04 新規顧客はまず 体験メニューでつながっておく

体験メニューで顧客リストを回収する

新規で50人に来店していただいて50%の成約率だったとしたら、25人と契約することになります。

ポータルサイトの成約率から算出すると、ホットペッパーは20%、グルーポンは10%を切るとなると、かなり多くの新規顧客を集めなければいけません。

そこで重要になるのは、見込み客の獲得。いわゆる顧客リストの回収です。

体験メニューは、いままでは本命商品の体験版を売るためだけのものでした。ところが現在は、お店の存在を知っていただくことを目的にするケースも増えてきています。

ですから、**体験メニューでは、もっとも人を集めやすいメニューを用意すればよくなります**。お客さまにとって必須になるメニューを考えてみましょう。たとえば、カラーリングや白髪染め、まつげエクステ、ネイルなどです。

127

まつげエクステやネイルは３週間程度で取れてしまうので、気軽に行けたほうがいいですよね。ターゲットがあまり時間のない主婦の場合なら、時間をゆっくりかけられません。

　わたしがコンサルしているサロンでは、まつげエクステの施術にかかる時間は、豪華にすると60分以上かかるが、シンプルなら最短で30分でできるということでした。

　そこでわたしは、「スピードまつエク」を提案。本数を限定してまつエクを30分で提供し、それをお客さまに習慣にしていただくのです。
　そのなかで、お客さまから「本当は痩せたいんですよね…」という言葉を引き出せたときに、ダイエットという本命商品につなげていければいいですよね。

　このように、**将来の見込み客を体験メニューでつなぎとめておくことが大切**です。つながっていれば、そのお客さまが必要になったタイミングで高額商品を買ってくださるようになります。

短期ではなく長期戦で考える

　これからは、短期決戦型ではなく長期戦で考えましょう。お客さまが生涯にわたってサロンにお金を使い続けてくださるようアプローチするという考え方です。

　そのためには、**最初からサロンに通う目的を持っているお客さまに、効率よく来店いただくのが理想的**です。

　たとえば腰が痛くてわたしのお店に来たお客さまは、わたしに治してもらいたくて来店しているわけですから、そこで「6回から12回の治療が必要です」と伝えれば、患者さんはNOとは言わないはずです。

　その日のうちに契約する人＝見込み客とは限りません。

　とくにエステ業界なら、人生を通しての見込み客にすればいいと思いませんか？　いますぐでなくても、どこかのタイミングで自分のお客さまになっていただければいいのです。

129

05 お客さまを3タイプに分けて アプローチする

既存のリストを詳しく分類する

　あなたのサロンがいま持っている顧客リストを、次の3つに分類してみてください。

A：誘えばかならず来てくださる人
B：予定が合えば来てくださる人
C：(「それって何なの?」と) 説明を求めてくる人

　ランク分けをしたら、まず、Aからアプローチをしていきましょう。決まりやすい人から声をかければ、モチベーションも保てます。集客するときに説明を求めてくる人は、誘っても来ることはないので、Cの層にはそもそも勧誘しません。そこに労力をかける必要はないのです。

　ちなみに、Aが来店するようになると、Bもおのずと足を運ぶようになります。そしてAとBが訪れるようになると、Cが「え? みんなが行っているならわたしも行こうかな」という流れになります。

　シンプルですが効果的な集客法なので、まずは、あなたのリストを詳しく分類してみましょう。

6章 「集客」の極意

06 いいお客さまに長期的に来ていただくには?

生涯にわたって来ていただける関係性を築く

わたしは、どこかに食事に行ったときでも、「もっとここをこうしたらいいのにな」「こういうサービスがあったらまた来たくなるのにな」と、いつも考えています。

いいところは参考にさせてもらい、もうちょっとだなというところは、どうなったらいいだろう? と考えるのです。

お客さまの要望を汲み取る方法としては、まずは自分が相手に何を提供できるのかを想像することです。

「スタッフ対お客さま」の関係だと思うから、つい言葉を選んでしまうのであって、心と心が通じ合う関係性を目的としていれば、友人やカップルと同じように接することができるはずです。

そのためには、スタッフにぜひ次のことを、意識してもらいましょう。

・まずこちらがお客さまを好きになることからはじめる

・自分の心をオープンにする

・仰々しくしない、カッコつけない

131

・すべての時間で、お客さまを思いやる

・言葉がけ、しぐさ、対応で気を利かせる

・先まわりしてその人がやってほしいことをする

・気づかいのある言葉を発する

　これらの行動を心がけていれば、お客さまは「わたしのことを考えてくれているんだ」「居心地がいいなぁ」と、セラピストに信頼を寄せるようになります。

お客さまの心に響く言葉がけの例

　お客さまの気持ちに寄り添い、すべてを受け入れるスタンスでいれば、おのずと信頼関係が生まれます。

　また、ちょっとした言葉がけも、お客さまの心をつかむきっかけになります。

・「段差があるので気をつけてください」…気づかいの言葉

・「寒くないですか？」…思いやりの言葉

・「調子はいかがですか？」…相手の様子を気にかける言葉

6章 「集客」の極意

・「自分が責任を持って最後まで面倒をみます」…宣言の言葉
・「一緒にがんばっていきましょうね」…励ましの言葉

　言葉がけは思いやりです。言われて嫌がる人はいませんから、積極的に言葉をかけましょう。

　また、自分が担当できないときでも、間接的に関わっていますよとお伝えするのもいいですね。

　お客さまとの些細な会話内容を覚えておくと、「え？　そんなことを覚えていてくれたんですか？」と、喜ばれます。また、自分が担当できないときでも、次のような言葉をかけられたら、お客さまはうれしいものです。

・「担当者から、ちゃんとわたしに報告を受けていますよ」
・「また、わたしが会えるタイミングのときに、身体を診させてくださいね」

　洋服を買いに行ったとき、店員さんが、自分では普段選ばないタ

133

イプの洋服を持ってきて「わたしの見立てでは、こういう服が似合うと思うのです」と言われたらどうでしょうか。自分のよさを引き出してもらえているようでうれしいですよね。

　美容院でいつもとは違った素敵なヘアスタイルを提案してもらえたときも、同じではないでしょうか。

「わたし自身よりも、わたしのことを気にかけてくれている」
そう思えたとき、人はその相手をもっと好きになるはずです。

　お客さまを、大切な友人のように扱うこと。
　これができていれば、生涯にわたるお客さまづくりは、決して難しいことではないのです。

付録

カウンセリングの
よい例　悪い例

01 Beforeカウンセリング 悪い例

お客さま：痩せたくて、とくに脚をなんとかしたいんです。

セラピスト：痩せたいんですね。痩せるためにいままで何かやってきましたか？

お客さま：はい。運動はしているのですが、まったく痩せることはないですね。

セラピスト：もしかしてセルライトがついているのかもしれませんね。セルライトがついてしまうと、痩せづらいんですよ。ラジオ波やキャビテーションというものがあって、これがセルライトにすごく効果的なんですよね。

お客さま：すぐ取れるようなものなんですか？

セラピスト：そうなんですよ。いままで、受けてみたことがありますか？

お客さま：一度もないです。

セラピスト：ぜひ、一回体験していただくといいかもしれませんね。ラジオ波というのは、温めてセルライトを溶解して、分解していく機械なんですが、これがとても効果的です。いまなら、じつは初回キャンペーン中で、5000円でできるのですが、いかがでしょうか？

お客さま：でも、それって何回くらいで効果が出るのか、わかるんですか？

セラピスト：基本的には10回くらいですね。

お客さま：そうですか・・・。そうすると、初回は5000円でも、２回目以降は・・・。

セラピスト：そうですね。まず体験して、この機械のすごさを体感してください。メニューの詳しい説明は体験後にしますね。

Beforeカウンセリング　悪い例の特徴

・「痩せるには？」「この機械は？」と事柄の説明ばかりしている
・価格のことをひと言も言わない（施術後のAfterカウンセリング
　ではじめて金額を伝える）
・ホームページにも正規価格を載せていないまま施術をすすめる
・信頼関係のないまま、ただお客さまにおすすめようとしている

付録　カウンセリングのよい例　悪い例

02 Beforeカウンセリング
よい例

お客さま：痩せたくて、とくに脚をなんとかしたいんです。

セラピスト：○○（下の名前）さんは、どうして痩せたいのですか？

お客さま：やっぱり、脚が太いとジーンズもかっこよく履けないし、洋服がパッとしなくて…。

セラピスト：「スタイリッシュな洋服を着てみたい」という願望が、○○さんにはあるのですか？

お客さま：スタイリッシュというか、野暮ったくなってしまうのがイヤなんですよね。

セラピスト：そうなんですね。そんなふうに人から見られるのがすごくイヤなんですか。

お客さま：イヤです。

セラピスト：どんなふうにイヤなんですか？

139

お客さま：そうですね。人から見られる前に、鏡で自分を見て「あぁ…」と気持ちが下がることが一番イヤですね。

セラピスト：テンションが上がらないんですね（笑）。洋服を着たときに、「うわぁ、なんか野暮ったいな」という感じでしょうか。いつもゲンナリしてしまうんですか？

お客さま：ゲンナリします（笑）。

セラピスト：そうですか（笑）。ところで、○○さんは、いままで自分で努力されたことって何かあるんですか？

お客さま：自分なりにはしているつもりですが、ストイックなのは続きませんね。運動なら、割と好きなのでしますけれど。

セラピスト：運動で痩せましたか？

お客さま：痩せましたが、脚が細くなったことはないですね。

セラピスト：細くならないんですね…。では、○○さんはどうしようと思っているのですか？

お客さま：う〜ん、できれば細くなりたい・・・。

セラピスト：細くしたいなっていう自分がいるんですね？　でも、スポーツをしても難しいなと？

お客さま：そうですね。

セラピスト：どんな手段で痩せたいと思っていますか？

お客さま：運動ではダメなんだなというのはあるんですが、逆にどうしたらいいんでしょう？

セラピスト：なるほど。自分では運動ではダメだと思っているから、ほかに何か手段がないかな？　ということで今日は体験しに来られたのですね？

お客さま：そうなんです！

セラピスト：そうですか！　わかりました。ちなみに、エステサロンでもいい方法があれば、やってみたいという気持ちはあるんですか？

お客さま：ありますね。

セラピスト：そうなんですね。ではたとえば、人の手からの施術で痩せるんだったら、それも選択のひとつなんですか？

お客さま：そうですね。そんな自分を見てみたいです（笑）。

セラピスト：見てみたいと。では、わたしどものお店で、この脚だったら痩せられるよ、というメニューがあったら、一回受けられてみたいですか？

お客さま：確実にそういうのがあるのであれば、やってみたいです。

セラピスト：そうですか。どのメニューが適しているかを、診てみますね。検査して、これだと思ったものを一度ご提案するので、それを体験してみたいと思ったら、今日は体験価格として5000円でできるので、一度ご自身で体感していただいてもいいですか？

お客さま：そういうものがあるんですね。

セラピスト：それでもしご自分のなかで、「あ、すごいな！」と思えたら、通ってみてもいいかな、と思っていらっしゃいますか？

お客さま：あ、そうですね。効果がわかるのであれば。

セラピスト：そうなんですね。こういうところに通おうと思ったら、お金もかかってしまうと思うんですけれど、それについて抵抗はないですか？

お客さま：抵抗はあります。でも、どのくらいかかるのかなどを先にわかっていたり、相談しながらやれるようであればいいかなと思ってはいます。

セラピスト：そうなんですね。ちなみに、「確実に痩せます」とした場合、ご予算は持っていますか？

お客さま：え〜。じつはこういったところの相場があまりよくわからないんですけれど…。逆にどのくらいなのかなって。

セラピスト：そうですよね。体重を５キロ、サイズをこれくらい落としたいということになると、一般的に３カ月間くらいかかるんです。○○さんは、もし３カ月間くらいかけてもいいかなと思う場合、いくらくらい予算をかけてもいいと思いますか？

お客さま：そうですね…。想像で20万円はかかってしまうのかな、というのはあるんですけど、それ以上ですか？

セラピスト：いえ、もし、20万円くらいだったらできそうですか？

お客さま：そうですね、まあ、もっと安ければうれしいですけど。

セラピスト：そうですよね。人間の新陳代謝は約100日と言われて

いて、血液のレベルでは、たとえば赤血球の寿命は120日なんですね。そうすると３カ月から４カ月で再生させられるので、だいたいそれくらいの期間で進めていくといいですね、厚生労働省も、１カ月に２～３キロが一番痩せ方としては適量だと言われているので、あまり無理はさせたくないんですよね。

ですから、やはり３カ月くらいはほしいんです。３カ月で１週間に１回来店していただくと、16回くらいの来店が目安になります。じつは、ご予算で言うと、ちょうど20万円ぐらいなんですよ。

お客さま：あ、そうなんですか？

セラピスト：いずれにしても、確実に痩せられるかというのを、検査を含めて、一度体験していただきたいんですね。わたしもお身体の状態を認識したいので、それからもう一回お話しましょうか。

お客さま：はい。お願いします。

Beforeカウンセリング　よい例の特徴

・「人」（お客さま）に注目している

・お客さまの経済状況や環境を知ろうとしている

・解剖生理学の指標、厚生労働省などの公的な指標を伝えている

・ゴールを想像させている

・体験メニューはお客さまの身体の状態を確認するためのものと伝えている

・お互いに腹の探り合いをしていない

・金額のことを事前に伝えているので、お互い施術に集中できる

付録　カウンセリングのよい例　悪い例

03 Afterカウンセリング
悪い例

セラピスト：○○さん、体験はいかがでしたか？

お客さま：いままで受けたことのないものだったので、実際のところまだよくわからないんです。

セラピスト：ああ、そうですか。じつは、キャビテーションというのは超音波を使って細胞を分解していくんですよ。分解することによって、セルライトというものがだんだん砕けて、それをリンパで流して排泄させるという行為なんですね。

回数で言うと、10回くらいやらないとダメなんですよ。先ほど、お身体のデータを確認したら、○○さんの場合、10回はやったほうがいいかなと思いました。この機会にいかがですか？

お客さま：10回ですか…。でも、金額的にも払えるかどうか…。

セラピスト：でも、お身体の状態はよくないので、このままではもっとひどくなってしまうと思うんですよね。

147

お客さま：あまり予算を持っていないのですが、いくらなんですか？　今日は試しに体験メニューを受けに来ただけだったので…。

セラピスト：でも、それほど高くないですよ。本来なら25万円のところ、いまなら特別価格の20万円で提供しているので。この機会にいかがですか？

お客さま：20万円ですか…。安くはないし、今日すぐに契約するかどうかは、ちょっと…。

セラピスト：でも、この特別価格は、今日契約した場合だけなんですよ。

お客さま：……。

付録　カウンセリングのよい例　悪い例

Afterカウンセリング　悪い例の特徴
・回数のこと、機械の性能のことだけを伝える
・お客さまの気持ちに寄り添っていない
・「でも」を多用して、NOと言われたことを潰しにかかる
・お客さまにお金を出させることしか考えていない
・本当の信頼関係が形成できていない
・金額をディスカウントしてでも契約させようとする
・Afterカウンセリングがカウンセリングではなく「説得」の時間
　になっている

　こういった「説得」の形で契約にこぎつけた場合、次のような問
題が起こりがちです。

・お客さまは価格だけで決め、セラピストへの信用がないまま契
　約してしまう
・効果が出なければ、「あのサロンでは痩せなかった」と言って、
　二度と契約しない
・「あのサロンでは痩せなかった」と、まわりに言ってしまう

149

・押し売りが強すぎる場合には、消費者相談窓口などで相談されてしまう

　提供するメニューが、たとえどんなに素晴らしいものであったとしても、カウンセリング時の口調が強引であったり、お客さまの気持ちを無視して話を進めてしまったりすると、お客さまは施術のよさを忘れ、不信感しか抱かなくなってしまいます。

　一度強引な勧誘を受けてしまったら、二度と来店することはありません。
　その日のうちに、何としても売上を上げなければと思うと、このようなケースに陥りやすいので、思い当たる点があれば、ぜひ見直し、次ページ以降のよい例を参考にしてください。

付録　カウンセリングのよい例　悪い例

04 Afterカウンセリング よい例

セラピスト：○○さん、体験はいかがでしたか？

お客さま：いままで受けたことのないものだったので、実際のところまだよくわからないんです。

セラピスト：そうなんですね。いま、じつはわたしのほうで、体験していただきながら○○さんの身体の組織を見させていただいたのですが、ちょっと残念な報告があります。

セルライトというのは、ステージが４つの段階に分かれているんですね。ステージ１、ステージ２というのは、運動で取れる段階です。自分でがんばれば取れるのですが、ステージ３になると、専門的な機械を使わないと取れないセルライトと言われているものなんです。

ステージ４になると、脂肪吸引でないと取れません。それで、先ほど太ももを気にされていましたよね。それが、残念なんですが、ステージ３のセルライトだったんですよ。

お客さま：えー！　そうなんですか！

151

セラピスト：そうなんです。ステージ3になると、残念なことに、自分では取れないんです。そうすると、どうしても機械のトリートメントでこれを分解したり、溶解していく必要があります。

ですから、まずそのセルライトを取り除くことが重要かと思います。

そうすることで、今後は再発しづらくなりますし、ホームケアでこんなことをするといいですよというのをお伝えしていきます。そうしたらずっとその状態を維持できるんです。そうなったらよくないですか？

お客さま：すごくいいですね、それは。この機会に痩せたかったし。

セラピスト：施術前のカウンセリングでもお話ししたとおり、10回を目安にしていただくのがちょうどいいかと思います。その都度、お身体がどんな状態になっているかを確認しながら行えば、着実に痩せやすくなっていくと思いますよ。わたしもぜひ一緒にがんばらせていただきたいのですが、いかがですか？

付録　カウンセリングのよい例　悪い例

お客さま：そうですね。ひとりではできなかったし、20万円だったら、がんばって払おうかな。

セラピスト：ぜひ一緒にがんばりましょう！

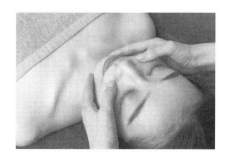

153

Afterカウンセリング　よい例の特徴

・お客さまの状態に注目している

・問題となる部位について専門的な話をしている

・お客さまのYesを引き出している

・「どうしていこうか？」と建設的な話し合いができる

・客観的に伝えている分、お客さまも冷静に判断できる

・セラピスト自身が責任を持って結果にコミットメントしている

付録　カウンセリングのよい例　悪い例

　悪い例とよい例との違いがわかったでしょうか？
　このように、セラピスト自身が、お客さまと心を通じ合わせることを考え、問題提起となる部位に対して専門的なフィードバックができると、信頼され、長期的にいい関係を築きやすくなります。
　ぜひ実践してみてください。

おわりに

　本書を最後までお読みいただき、ありがとうございます。

　お客さまのニーズを汲み取り、寄り添い、結果を出して、感謝される。身体の悩みだけでなく、ときには心の悩みにも応えることができる——。

　エステ業界の仕事は、そんな素晴らしさを秘めた仕事です。

　わたし自身、この業界に25年間身を置いてきました。

　たくさんの経験を重ね、多くの出会いのなかで、成長させていただいてきた分、とても思い入れがあります。

　ところが、エステ業界は、現在大きな岐路に立たされています。

　全国的に縮小傾向にあり、厳しい状況に置かれているサロンも、決して少なくありません。

　独自化をはかれずに、やむを得ず店舗をたたむサロンも増えてきました。

　現状維持を目指していても、もう生き残ることはできません。

　根本から、エステ業界にテコ入れするような動きが必要です。

　なかでも、「身体の悩みをクリアにして、心も元気にする」とい

うビジネスは、今後世代を超えて多くの人々の役に立てるはずだと、わたしは思っています。

　そのための活動を、これから本腰を入れて取り組んでいくつもりです。

　日本を元気にするという道筋をつくりながら、ぜひ一緒に美容・健康業界を盛り立てていきませんか？

＊

　本書が出版できたのは、関係者の皆様のおかげです。

　企画・編集・制作にあたっては、株式会社サイラスコンサルティング代表の星野友絵さんと遠藤庸子さんに多大なご尽力をいただきました。完成まで本当にありがとうございました。

　出版の機会をいただいた、株式会社かざひの文庫代表の磐﨑文彰さんと、素晴らしい装丁デザインを担当してくださった重原隆さんにも、御礼申し上げます。

また、わたしの25年間の歩みを支えてくださった、カイロプラク
ティックの指導者であるグラント・レイドDC。
　協会ビジネスや理念経営の素晴らしさを教えてくださった、一般
社団法人ベストライフアカデミー代表理事の前田出先生。

　「本質で生きる」という本当の幸せを伝えてくださった都立駒込病
院脳神経外科部長の篠浦伸禎先生。
　美容業界のビジネスをフルサポートし続けてくださった株式会社
フェースビューティ、株式会社ドクターズ・キッツ、株式会社ウィ
ズ・アスほか、多くの方々にお力添えいただいてきたことを、深く
感謝申し上げます。

　最後に、わたしを産み育ててくれた両親にも心からの御礼の気持
ちを伝えさせてください。ありがとうございます。

＊

　今回、25年間、健康美容業界で生きてきたことを誇りに思いなが
ら、恩返しのつもりで出版することにしました。

おわりに

　微力ながら、業界の発展に貢献できれば幸いです。

　そして、本書を手にとってくださった皆様のお役に立つことができれば、こんなに嬉しいことはありません。

　美容業界を盛り立てていく人々が増えることを願って。

2020年1月　川本達也

●著者プロフィール

川本達也(かわもと・たつや)

一般社団法人日本ヘルシーライフ協会代表理事

株式会社Sanctuary代表取締役

1967年愛知県刈谷市生まれ。接客業等を経たのち、カイロプラクティック技術を取得。1997年に川本健康カイロを開業し、現在までに9万人の施術実績を誇る。1998年には本場アメリカのカイロドクターの門下生となり、1000人以上のカイロプラクターを養成。

1999年には、カイロプラクティックとエステティックのコラボレーションサロンを日本で初めて開業。メディカルサロンを愛知県下に10店舗オープン。骨盤矯正ダイエットを考案し、ブームを巻き起こすほど人気を博す。500人を超える従業員を抱えながら、独立支援やのれん分け制度など、さまざまな形でスタッフを育成。

2005年に、エステサロン、カイロプラクティック直営店を運営する株式会社Sanctuaryを創業。2006年に技術指導を行う名古屋クリニックボディスクールを設立し、これまでに、のべ2000人に指導する実績を誇る。

厚生労働省の職業訓練校となってからは、新人や従業員の人材育成事業にも従事。新たに接骨院5院を開業したのち、2015年に一般社団法人日本ヘルシーライフ協会を設立。従業員数3名から数十名規模の整骨院・エステティックサロンをメインに、数百社の経営コンサルティングを実施。講師育成事業も手がける。

「感謝という絆によって、笑顔と自信に満ちあふれた社会づくり」という理念のもと、エステ業界や、セラピストのレベル向上に、日々邁進している。

エステサロン経営の教科書

年商1000万円から1億円超のしくみをつくる

著者　川本達也

2019年12月25日　初版発行

発行者　磐﨑文彰

発行所　株式会社かざひの文庫

　　　　〒110-0002　東京都台東区上野桜木2-16-21

　　　　電話／FAX 03(6322)3231

　　　　e-mail:company@kazahinobunko.com　http://www.kazahinobunko.com

発売元　太陽出版

　　　　〒113-0033　東京都文京区本郷4-1-14

　　　　電話03(3814)0471　　FAX 03(3814)2366

　　　　e-mail:info@taiyoshuppan.net　http://www.taiyoshuppan.net

印刷　シナノパブリッシングプレス

製本　井上製本所

企画・編集・制作協力　星野友絵・遠藤庸子・小齋希美(silas consulting)

装丁　重原 隆

DTP　KM Factory

©TATSUYA KAWAMOTO 2019,Printed in JAPAN

ISBN978-4-88469-984-0